Puppen Album

Lydia Richter

Puppen Album 1

Deutsche Porzellanpuppen

Laterna magica

Herausgeber und Textautoren*: Lydia und Joachim F. Richter
Konzeption, Layout und Fotografie**: Joachim F. Richter
Exponate: Autoren-Privatsammlung und diverse Leihgaben

Für die leihweise Überlassung einiger Puppen und Accessoires
danken die Herausgeber sehr herzlich:
Frau Roswitha Schaad, Frau Gabriele von Eicken,
Frau Ulrike Zweig-Gräfenhahn, Frau Ursula Jorde, alle München,
Fräulein Agnes Bögner, Neustadt a. Rbg. und
Fräulein Christiane Hermelink, Stuttgart.

Puppenkleider aus altem Material schneiderten in stilvoller und
vorzüglicher Ausführung Frau Gertrud Stangl, München und
Frau Margarete Schmidt, Dießen/Ammersee.

Fachliche Beratung: Frau Roswitha Schaad
Redaktionelle Mitarbeit*: Die Beiträge Seite 10 bis 14 und
Seite 28 bis 31 verfaßte Frau Dorothea Roth.
Fotonachweis**: Alle Aufnahmen Joachim F. Richter,
außer Seite 4/47/49/51/54/58/59/70/78/86/96/97: Hans Graf;
Seite 29/35/106/107/110: Roswitha Schaad; Seite 8/9/15/
22/23: Christiane Hermelink; Seite 77/82/116: Lydia Richter.

Quellennachweis: «Puppen»: Max von Boehn; «The Collector's
Encyclopaedia of Dolls»: Coleman; «Die deutsche Puppenindustrie»:
Anka/Gauder; «Puppen und Puppenhäuser»: Eileen King; «Puppen»:
Jürgen und Marianne Cieslik; «Puppen und Puppenmacher»:
Mary Hillier; «Puppen»: Ehret/Finler/Zweig-Gräfenhahn.

4. Auflage 1991
© 1980 by Verlag Laterna magica Joachim F. Richter, D-8000 München 71.
Alle Rechte, auch die der Verbreitung durch Film, Funk und Fernsehen,
der Übersetzung, foto- und klangmechanischen Wiedergabe und des
auszugsweisen Nachdrucks vorbehalten.
Satz: satz-studio gmbh, Bäumenheim
Druck und Bindung: Passavia AG, Passau
Offsetreproduktionen: Krammer, Linz (Österreich)

(ISBN 3-87467-233-6 2. Auflage)
ISBN 3-87467-300-6
Printed in Germany

*Aus einem Poesie-
album von 1889*

Inhalt

*Zwei Biskuitporzellanpuppen von
Armand Marseille
Nr. 370, ca. 1900*

*Linke Seite Mitte:
Knabe · glasiertes Porzellan ·
ca. 1850/60 · Größe 50 cm*

Das kleine Hobbyglück des Sammlers

*Simon & Halbig (braunes Kleid)
SH 1079/12 DEP, 1892 mit Biskuit-
kurbelkopf als Zauberin arrangiert
mit Charakterbaby
von Otto Reinecke*

Anmerkung:
In diesem Buch über «Deutsche
Porzellankopfpuppen» wird allerdings
auch die österreichische Puppe
Anger Moehling (A & M) auf Seite 94/95
vorgestellt, weil diese immer wieder
fälschlicherweise dem deutschen
Hersteller Armand Marseille
zugeschrieben wird.

Wenn ich ein wenig über meine persönlichen Eindrücke, Erfahrungen und die Motivation zum Sammeln von Puppen berichte, dann aus echter Freude über dieses wunderschöne Hobby. Aber mit dem Stichwort «Hobby» bin ich schon mitten im Thema. So sehr ich mich auch als Bewahrer und Erhalter dieser liebenswerten Geschöpfe aus edlem Porzellan verstehe, wollte ich aber keinesfalls nur sammeln, um schöne Dinge anzuhäufen. So fühle ich mich mit all denen einig, die das Sammeln nicht nur als Selbstzweck, sondern als beglückendes Hobby betreiben. Das Sammeln von Puppen ist für uns Frauen eines der schönsten und beliebtesten Hobbies – wen wundert es schon, waren doch die Puppenkinder unsere Spielgefährten, die uns liebgeworden und an unser Herz gewachsen waren. Egal, ob aus Stoff oder Porzellan, wir waren glücklich mit ihnen, sie trösteten uns in unserem Kinderschmerz, auch halfen sie beim Einschlafen.

Bis zu meinem 13. Lebensjahr gehörten Puppen neben Eltern, Geschwistern und Freundinnen zu meinem engsten Lebenskreis, bis sie schließlich von meinen gut meinenden Eltern «entführt» wurden: «Sieh doch ein, Du bist jetzt schon zu groß zum Puppenspielen, wir schenken sie unseren kleinen Nichten!» Was des einen Freud, ist des anderen Leid, denn ich war nicht nur traurig, ich hatte auch ein Stück meiner Kindheit verloren. Ich war plötzlich meines Steckenpferdes, meines Hobbies beraubt. Längst schon waren nämlich Puppen für mich nicht nur zum Spielen alleine da, vielmehr häkelte ich ihnen Mützen, strickte Jäckchen und hängte ihnen ein altes Kettchen um, denn sie sollten ja ganz schön sein, mir und meinen Freundinnen gefallen.

Warum ich das so ausführlich erzähle, wo Sie doch alle ähnliches erlebt haben? Nun, die Liebe zu den Spielgefährten unserer Kindheit ist in uns so verwurzelt, daß wir sie heute als Erwachsene, selbstsicher im Leben stehende Menschen, ebenso lieb und schön finden wie damals. Die Perspektive ist zwar eine andere geworden, doch wollen wir die von uns gesammelten Puppen auch schön anziehen und mit Accessoires schmücken, was allein schon viel Freude bereitet und ein Hobby für sich sein kann. Kleider aus alten Stoffen, die man auf Trödelmärkten auftreibt und selbst schneidert, Hüte, die man mit einer Straußenfeder oder alten Stoffblumen dekoriert, bringen Erfolgserlebnisse mit sich, die uns vom Alltag ablenken und zufrieden machen. Deshalb spreche ich vom Hobbyglück des Sammlers.

Dennoch: Auch ich hatte längst vergessen, daß es in meinem Leben schon einmal Puppen gab. Erst als ich selbst eine kleine Tochter bekam, beherrschten wieder Puppen das Kinderzimmer. Zunächst wurden einfache, unzerbrechliche gekauft, später kamen zwei Käthe-Kruse-Puppen hinzu. Damals dachte ich freilich noch nicht daran, ambitionierte Sammlerin zu werden. Puppen waren aber wieder in mein Bewußtsein zurückgekehrt, und so erfaßte mich die Idee des Puppensammelns bei der überraschenden Begegnung mit wunderschönen alten Porzellanpuppen, die plötzlich auf Flohmärkten und in Antiquitätengeschäften auftauchten. Meine kurzzeitigen Vorbehalte als Puppensammlerin nicht ernst genommen, als kindisch belächelt oder gar geringschätzig betrachtet zu werden, wurden bald von der Faszination strahlender Puppenaugen und ihrer wunderschönen pfirsichfarbenen Biskuitköpfchen zerstreut. Auf dem nächsten Trödelmarkt erwarb ich mein erstes Sammlerstück. Von jeglichem Fachwissen unbelastet, wählte ich eine Biskuitpuppe, die meinen Preisvorstellungen entsprach und deren Köpfchen mir besonders gut gefiel. Sie war nur mit einem schmutzigen Hemdchen bekleidet, von ihrem Körper war bereits viel Farbe abgeblättert und die Haare waren völlig verfilzt. Mein erster Impuls war, die alte Perücke gegen eine schöne neue Lockenperücke einzutauschen, womit die Händlerin zu meinem Erstaunen ohne Preisaufschlag sofort einverstanden war. Zum Glück unterließ ich diese Absicht und bin heute froh, daß ich die alte Mohairperücke behalten habe, denn jeder Sammler achtet darauf, den Originalzustand seiner Puppe weitgehend zu erhalten. Zuhause reinigte ich die Puppe vorsichtig, lockerte und bürstete die Mohairhaare mit einer weichen Bürste und war entzückt über das Resultat: Die alte Perücke übertraf die neue bei weitem an Schönheit. Das war meine erste Erkenntnis und die zweite ließ nicht lange auf sich warten, denn nun mußte das Puppenkind eingekleidet werden. Aus schneeweißer Perlonspitze ließ ich ein Rüschenkleidchen anfertigen, die Unterwäsche wurde aus pflegeleichtem Material hergestellt. In diesem Zustand zeigte ich die Puppe einer Sammlerfreundin, die nicht gerade begeistert war. Von ihr lernte ich, daß man sich nach alten Stoffen und Schnitten richten muß, wenn man bei einer alten Puppe den Reiz ihrer Persönlichkeit bewahren und sie nicht in eine verfälschende Nähe zur Gegenwart rücken will.

In der Wiege: Baby von Kämmer & Reinhardt, Simon & Halbig 122 mit seiner französischen Tante Unis France aus PuppenAlbum 2; Eisenwiege ca. 1910

In dieser Phase meiner ersten Sammlerschritte sagte mir jemand, der wohl nie richtig Zugang zu Puppen haben wird, daß es Unsinn sei, diese Puppen zu kaufen, weil sie dadurch teurer und den Kindern entzogen werden, die damit spielen könnten. Wenn diese Einstellung auch sehr kinderfreundlich sein mag, so hat doch jener nicht begriffen, daß wir Sammler uns auch als Bewahrer verstehen, wie ich dies eingangs schon sagte und daß es gilt, diese kleinen Kunstwerke vor Zerstörung zu schützen, um vielen damit Freude bereiten zu können. Unzählige Puppen zieren heute die Vitrinen oder Schrankwände der Wohnzimmer. Wer sie aber im Stil jener Zeit «präsentieren» will, der weitet sein Sammlerhobby auf Puppenwagen, Stühlchen, Wiegen, Bettchen und Pferdchen aus, der kauft der einen Puppe vielleicht auch eine Schaukel, um sie schön dekorieren zu können, der anderen hängt er ein altes Kettchen um und steckt ihr vielleicht auch eine alte Brosche an. So manches kann man selbst machen, wie beispielsweise Ohrringe aus einem Stückchen Draht und alten abgeschabten Glasperlen. Erst so wird das Hobbyglück vollkommen, wenngleich ich auch hier lernen mußte zu verzichten. So sah ich eines Tages voller Freude ein wunderschönes Puppenschirmchen aus Seide mit kunstvoll geschnitztem Elfenbeinknauf, für dessen Besitz ich gerne Opfer gebracht hätte. Aber auch das half nichts, denn schon so vielen vor mir hatte die Antiquitätenhändlerin den Verkauf abgelehnt. Gäbe sie mir das Schirmchen, so argumentierte sie, würde sie mit all jenen enthusiatischen Sammlern Ärger bekommen, denen sie die gleiche Absage erteilt hat. Kurz darauf konnte ich dann bei anderer Gelegenheit ein buntes Baumwollschirmchen erstehen und war nicht weniger glücklich, als dieses eine meiner Puppen stolz zierte. Über jene, die allein aus Gründen einer guten Kapitalanlage sammeln, will ich hier nicht sprechen, wenngleich man zugeben muß, daß in den letzten Jahren der Wert der Puppen erheblich gestiegen ist. Das ist natürlich nur für diejenigen erfreulich, die schon recht früh mit dem Sammeln begonnen haben und jetzt eine wertvolle Sammlung besitzen, während die inzwischen gestiegenen Preise für heutige Neuerwerbungen oft als überzogen anzusprechen sind, auch wenn Puppen heute immer mehr als Antiquität Anerkennung finden. Andererseits galt es aber schon immer für eine Sammlung und ein Hobby Opfer zu bringen. Der echte Sammler ist hierzu gerne bereit und verzichtet beispielsweise auf ein Kleidungsstück, ein verlockendes Schmuckstück oder gar eine Reise oder auf die Erfüllung anderer Wünsche.

Mit all diesem Tun haben wir aber wieder Verbindung zu unserer Kindheit – bewußt oder unbewußt. Wir Puppensammlerinnen können uns dessen glücklich schätzen. Die Motivation zum Sammeln von Puppen ist gewiß weitaus vielfältiger als es hier anklingen konnte. Für mich ist beispielsweise der Kontakt mit Menschen, in diesem Fall mit gleichgesinnten Sammlerinnen, ein ganz wichtiger Aspekt. Private Treffen, Puppenbörsen und -klubs bauen hier goldene Brücken für einen interessanten Gedankenaustausch und Freundschaften.

Anläßlich der erwähnten Kontakte ließ ich auch von einigen meiner Puppen Fotos machen, um diese herzeigen zu können. Ich fand diese Bilder so bezaubernd, daß hieraus die Idee für das vorliegende Buch entstand. Nun galt es, die Puppen teilweise umzuziehen, anders zu dekorieren und wirkungsvoll in Szene zu setzen, was mir auch außerordentlich viel Spaß und Freude bereitet hat. Das Sammeln von Puppen hat für mich nun eine außergewöhnliche Vollendung erfahren, ist es mir doch dadurch möglich geworden, auch andere an meiner Sammlung teilhaben zu lassen.

Lydia Richter

PuppenAlbum stellt sich vor

Parianpuppe
ungemarkt · ca. 1860–1870 · Puppenkopf
aus Parianporzellan · Schulterkopf ·
Biskuitvorderarme und -beine ·
außergewöhnlich schön modellierte Haare ·
Stoffkörper · Größe 50 cm

Wenn man als Puppensammler bzw. Puppensammlerin seine ersten Gehversuche macht, betritt man vielfältiges Neuland, das nicht selten mit Fehlkäufen verbunden ist. Daß Unkenntnis und Unerfahrenheit die Ursachen hierfür sind, ist selbstredend. Aber auch beim Sammeln von Puppen genügt es zunächst, das kleine Einmaleins zu beherrschen, um einen Einstieg zu haben. Der Titel dieses Buches müßte eigentlich korrekterweise «Porzellankopfpuppen» lauten, wurde aber aus Gründen der besseren Lesbarkeit auf «Porzellanpuppen» abstrahiert.

Überwiegend Porzellankopfpuppen

PuppenAlbum 1 konzentriert sich auf Porzellankopfpuppen, weil diese und im besonderen Biskuitporzellankopfpuppen am beliebtesten sind und auch am meisten gesammelt werden. Um eine großzügige Illustration zu ermöglichen, war es schließlich ratsam, ein Buch über Porzellankopfpuppen deutscher Herkunft und ein zweites über solche französischer Herkunft herauszubringen. Gerade diese beiden Länder waren es ja, die fast allein den Weltmarkt mit Porzellankopfpuppen bzw. Biskuitporzellankopfpuppen beherrschten. Schon allein vom Typus her war diese Aufteilung in zwei Bände sinnvoll, weil der eine oder andere nur deutsche oder nur französische Puppen sammelt.

Sachbuch

Ein Buch wie das hier vorliegende ist zweifellos geeignet, das Wissen zu vermitteln, um in das Hobby des Puppensammelns eingeführt zu werden und den Anfangssammler vor größerem Schaden zu bewahren. PuppenAlbum klärt deshalb über die wichtigsten Sachfragen auf und bietet darüberhinaus mit seinem großen Bildteil einen guten Querschnitt bekannter Puppenmarken an. Dem verunsicherten Sammler soll in schneller und zielstrebiger Weise klar werden, was es beispielsweise mit glasiertem Porzellan, Parian und Biskuitporzellan auf sich hat oder wie vielfältig die Beschaffenheit der Haare, der Augen, des Mundes und der Körper ist, um nur einige wichtige Sammlerkriterien aufzuzeigen. Verwirrende Begriffe, wie offen-geschlossener Mund, gemarkt, all-bisc und viele mehr, werden ebenso verständlich interpretiert wie der Unterschied zwischen Brustblattkopf- und Kurbelkopfpuppen, Charakterpuppen, Exoten usw. Und immer belegen Bilder das in Worten Erklärte nach dem Motto: «Ein Bild sagt mehr als tausend Worte».

Bildband

PuppenAlbum 1 versteht sich gerade aus dem Letztgesagten als Bildband mit umfangreichen Bildinformationen in Verbindung mit aufklärenden Texten. Die jeweils auf der rechten Seite abgebildeten Puppen werden meistens als Kopf- oder Brustportrait mit großem Detailreichtum in einem Passepartout präsentiert, der dem Stil- und Zeitgeschmack jener Puppentage entspricht. Vielleicht sind diese Bilder geeignet, ein wenig Romantik und Lebensfreude auszustrahlen, dann hätte sich der Aufwand schon gelohnt. Biskuitporzellankopfpuppen waren ein beliebtes, aber auch hochwertiges Spielzeug, das heute zum begehrten Sammlerobjekt avanciert ist und als Antiquität Anerkennung gefunden hat. Dem Betrachter des Buches wird auffallen, daß in der Regel für eine Puppe zwei Farbseiten «verschwendet» wurden. Auch dies erschien als unabdingbare Notwendigkeit, wenn die Maxime einer optimalen bildmäßigen Darstellung der Exponate realisiert werden sollte. So werden die Puppen in den meisten Fällen auf der jeweils linken Seite ein zweites Mal vorgestellt, um die sehr wichtige Kleidung, Hüte und Accessoires ebenfalls zeigen zu können. Aus Gründen vielfältiger Darstellung wurde des öfteren der gleichen Puppe eine andere Perücke aufgesetzt oder ein anderes Kleid angezogen. Dies entspricht der Gepflogenheit jener Zeit, aber auch dem Ideenreichtum der Puppenindustrie, die sogar Puppenkörper mit verschiedenen Köpfen, Perücken und Kleidern angeboten hat.

Von einfach bis exklusiv

Zur Konzeption von PuppenAlbum 1 gehört es, ein möglichst breites Spektrum an Puppen vorzustellen. Jeder Sammler soll zu seinem Recht kommen und so ist es nur logisch, wenn einfache, billigere Puppen, die oft so schön sind, daß sie von vielen innig geliebt werden, in einer entsprechenden Bandbreite ebenso vorgestellt werden, wie die extravaganten, seltenen und hochpreisigen Exponate, wie beispielsweise die 117 A von Kämmer & Reinhardt, Simon & Halbig auf Seite 107 oder die 1448 von Simon & Halbig auf Seite 111 und andere mehr. Um diesen Querschnitt zu ermöglichen, konnte dankenswerterweise die Autoren-Privatsammlung durch diverse Leihgaben (siehe Seite 4) eine wertvolle Ergänzung erfahren.

Systematik

Da PuppenAlbum 1 den Anspruch erhebt, Sach- und Bildband in einem zu sein, schien eine fachlich orientierte, nach Sammlerkriterien wünschenswerte Systematik bzw. Gliederung eine zwingende Prämisse zu sein. So wird die Kapiteleinteilung dem Benutzer und Sammler eine wertvolle Orientierungshilfe sein. Auf Anhieb findet er Bildbeispiele der verschiedenen Puppentypen – ganz gleich, ob es sich um Babys, Charakterpuppen, Exoten, Biedermeierpuppen oder gar Nippespüppchen mit ihren jeweiligen Beschreibungen handelt.

Auch Nippes

Das Sammeln von Nippes der verschiedensten Couleur wird heutzutage immer beliebter. Viele Puppensammler erfreuen sich in besonderer Weise an den Teepüppchen, «half-dolls», «all-bisc-dolls» etc., deren Ausstrahlung von lieblich graziös über lustig und kindlich bis zu charmant und sexy ihre Vielfalt ebenso dokumentieren wie im modischen Bereich. Auf jeden Fall handelt es sich bei diesen Puppen um ein spezielles Sammlergebiet, das auf den Seiten 146/147 einen allgemeinen Überblick verschafft.

Kulturgeschichtliche Abrundung

PuppenAlbum 1 wollte seine publizistische Aufgabe nicht allein darin erschöpft sehen, über Biskuitporzellanpuppen, Perücken, Kleider usw. zu schreiben und die Puppen in außergewöhnlichen Bildern zu zeigen. Mit der Reproduktion alter Stiche, Fotografien, Postkarten, Zeitschriften- und Buchillustrationen, Gedichten und Geschichten, die sich alle mit der Faszination «Puppe» befassen, werden kulturhistorische Dokumente angedeutet, die eine gewisse Abrundung des Themas zum Inhalt haben. Vielleicht findet diese Vielfalt aber auch Eingang bei jenen, die noch nicht vom Sammlerfieber alter Puppen erfaßt sind, sich aber insgesamt am gebotenen Stoff dieses Buchtyps angesprochen fühlen, egal ob jung oder alt.

Fotografie

Da ist zunächst zu sagen, daß es sich zwar um professionelle Fotografien handelt, die aber mit amateurmäßigen Mitteln gemacht wurden. Sie sind also für jeden nachvollziehbar, der über einige fotografische und technische Voraussetzungen verfügt und der sich aus Freude oder aus versicherungstechnischen Gründen ein eigenes Privatalbum anlegen möchte. So eignet sich für die Studioaufnahmen bereits eine Mittelformatkamera, wie hier die Mamiya 645/1000 S, mit dem Normalobjektiv 1:2,8/110 mm unter Verwendung von Zwischenringen, einem Stativ und einer Blitzanlage, wie das Ministudio 202 von Multiblitz, bei gleichzeitiger Verwendung eines Blitzbelichtungsmessers. Will man bewußt einen Weichzeichnereffekt erzielen, kann man eine Softlinse oder das Weichzeichnerobjektiv Rodenstock Imagon verwenden.

Dies alles wird übrigens in PuppenAlbum 2 in einem kurzen Anhang «Fototips» für diejenigen etwas ausführlicher behandelt, die neben ihrem Hobby des Puppensammelns auch noch Spaß am Fotografieren ihrer Puppenkinder haben möchten.

Joachim F. Richter

Biskuitporzellankopfpuppe ungemarkt · ca. 1880 · Puppe mit Biskuitschulterkopf · vermutlich Firma Kling · Lederhande · Stoffkörper · außergewöhnlich schön modellierte Haare · Größe 55 cm

Die Puppe als Abbild des Menschen im Wandel der Jahrtausende

Puppen der Tusayan-Indianer
(Katschinapuppen der Hopi)

Mädchen mit Puppe und Puppenwiege
Holzschnitt · um 1540

Die Puppe als Abbild des Menschen war bereits bei allen Völkern des Altertums und in den meisten Primitivkulturen in Kult und Spiel gebräuchlich. Die Ägypter haben schon um 2000 v. Chr. mit beweglichen Holzpuppen gespielt, zogen ihnen Kleider an und kannten die Puppenstube. Altgriechische Kindergräber enthielten kleine Marmorfigürchen und die Archäologen glauben, daß diese zuvor als Spielzeug gedient haben. Sehr häufig verbreitet waren im antiken Griechenland Tonfigürchen, die die griechischen jungen Mädchen vor der Hochzeit der Artemis weihten; die römischen Jungfrauen opferten sie dagegen Venus.

Bei den Primitiven näherten sich statt der Puppen Idole dem Menschenbild an. Sie wurden aus Wurzeln und Knochen geschnitzt, auch aus Bernstein und Blei geformt und natürlich auch aus Ton, der sich so gut für das menschliche Abbild im Puppenformat eignete. Die Puppe als Abbild des Menschen existiert zwar schon seit Jahrtausenden; als Spielzeug und handwerklich hergestellt ist sie dagegen so richtig erst seit dem ausgehenden Mittelalter bekannt und beliebt. Die Puppen, die heute im Kunsthandel angeboten werden, stammen aber eigentlich erst aus der zweiten Hälfte des 19. und den ersten Jahrzehnten unseres Saekulums. Immer ist es faszinierend, den Werdegang der Puppen zu verfolgen. Noch als prähistorische Kultfigur war sie meist nackt und archaisch geformt. Allenfalls wurden die Gesichtszüge markiert, das Haar umrißhaft angedeutet. Meist war jedoch nur der Oberkörper modelliert, während der Unterkörper einem formlosen Fladen glich. Die Hallstattzeit kennt Brettidole, auch solche aus gestanztem Metall, die sozusagen die Ahnen unserer Bleisoldaten sind. Erst auf der letzten Stilstufe sind Puppen gewandet, werden die Materialien immer edler. Zu Marmor gesellt sich Alabaster, Kalkstein wird von Schiefer übertrumpft.

Merkwürdigerweise steht bei den Puppen stets die plastische Darstellung weiblicher Wesen im Vordergrund. Die Forscher bringen das mit der Vorherrschaft des Matriarchats in den frühen Kulturen in Zusammenhang. Diese weiblichen Puppen der Primitiven waren nicht für Kinderhände bestimmt. Halb Idol, halb Fetisch, wurden sie als Hausgötter für den Ahnen- und Totenkult verwendet, hatten magische Bedeutung und eine mystische Aura. Für die frühen Menschen war die Puppe vom Leben der Gottheit selbst durchdrungen, so sehr, daß selbst die christliche Kirche die Legendenbildung eines Gegenstands wie der Puppe übernommen hat. Das alte Götzenbild hatte sich in die Heiligenfigur gewandelt.

Der Weg von der Kultfigur bis zur Kasperlepuppe unserer Kinderzimmer war weit.

Puppen aus der französischen Empirezeit · um 1800–1810

Junge Mädchen waren sehr wahrscheinlich zu allen Zeiten von dem Wunsch beseelt, sich mit Spielgefährten in Gestalt kleiner Puppen zu umgeben, um so ihrer Phantasiewelt Ausdruck zu geben und mit ihnen ein soziales Leben en miniature zu führen, «Vater, Mutter, Kind» zu spielen. Und wenn es nicht Künstler waren, so werden es Mütter gewesen sein, die ihren Lieblingen zum verkleinerten Abbild ihrer selbst verhalfen. Jedenfalls sahen bereits die antiken Puppen äußerst lebendig und menschenähnlich aus, konnten ihre Gliedmaßen bewegen und trugen bereits häufig auch Haarperücken. So jedenfalls haben sie uns ägyptische Gräber überliefert. Auch die Griechen kannten bereits Gliederpüppchen aus Ton, die sie, statt sie anzuziehen, bunt bemalten und mit reichem Zubehör ausstatteten. Auch der Kopfputz war prächtig gestaltet. Allerdings ist ihre Doppelrolle nicht zu übersehen: sie war sowohl Spielzeug als religiöses Idol, das mit beginnender Reife der Mädchen in den Besitz von Hera, Artemis oder Aphrodite überging und damit das Ende der Kinderzeit symbolisierte. Um den Anforderungen an Tonfigürchen gerecht werden zu können, kannte Griechenland bereits eine blühende Spielzeugindustrie mit Sitz in Sardes, der Hauptstadt Lydiens. Außer Tongliederpüppchen entstanden hier auch Puppen aus Holz, Elfenbein und Wachs.

Die Kinder des Herzogs von Orléans
Kupferstich von Joullain nach dem
Gemälde von Coypel · um 1760

Die Römer haben von den Griechen die Puppenherstellung übernommen. Belegt sind hier Puppen als Grabbeigaben, Gliederpüppchen aus Holz, Ton und Elfenbein, die gleichfalls vor der Hochzeit der Besitzerin in den Tempel wanderten. Im alten Rom scheint es schon viele Puppenmütter gegeben zu haben, die ihre Puppenkinder ankleideten. Von der feinen künstlerischen Gestaltung der Puppenkörper kann man auch auf deren leider nicht überlieferte Ausstattung schließen. Weiß war meist die Grundfarbe der Gipsexemplare: Farbreste lassen auf eine natürliche zarte Bemalung der Gesichter schließen, während der Haaransatz schwarz modelliert war, sich zur Hochfrisur türmte wie bei den Damen der antiken römischen Wandmalereien. Das Puppenzubehör umfaßte Möbel, aber auch Puppenschmuck und Gerätschaften wie Krüge und Becher, einen richtigen Hausstand en miniature also.

Frühe Puppenbeispiele liefern auch andere Hochkulturen aus viel entlegeneren Kontinenten wie beispielsweise Südamerika. Lange bevor dort die Spanier als Kolonialherren auftraten, haben sich in Kindergräbern im alten Peru weibliche Puppenfigürchen aus reinem Gold erhalten. Die Knabenfiguren waren in Silber getrieben. Sie scheinen ursprünglich mit Stoffen bekleidet gewesen zu sein, wie aus Resten ersichtlich ist. Neben solchen Prachtexemplaren standen den kleinen Inkamädchen auch einfache Holz- und Strohpüppchen zum Spielen zur Verfügung oder Wickelpuppen, deren Kopf aus Ton, deren Balg aus Stoffteilen gefertigt war. Das Wiegenbrett wurde gleich mitgeliefert.

J.B.S. Chardin, Kind mit Puppe:
Klosterfrau

Kaum ein Völkerkundemuseum, das nicht Exemplare aus der Frühzeit der Puppen der Völker aufbewahrt. Allerdings gibt es auch Stammvölker, die erst durch die Zivilisation Bekanntschaft mit der Puppe als dem Abbild des Menschen gemacht haben, wie z.B. die Indianer, denen Puppen vorher fremd gewesen waren. Sie hatten sich zuvor rein auf rituelle Gegenstände wie Fetische spezialisiert, lederbezogene hölzerne menschen- und tierähnliche Gebilde, die sie reich mit Federn schmückten, weil sie ihnen Glück bringen sollten. Die Afrikaner wiederum kennen reich geschmückte rituelle Holzpuppen oder solche aus Naturprodukten wie Flaschenkürbissen oder Bananenstauden. Öfter als in Kinderhand waren sie jedoch in denen von Medizinmännern anzutreffen, deren magische Kräfte sich auf sie übertragen sollten, sie zu Fruchtbarkeitssymbolen avancieren ließen.

Der Übergang vom Fetisch zum Spielzeug war hier ebenso fließend wie oftmals zur Zeit der Antike. Ashanti-Mädchen tragen heute noch ihre flach geschnitzten Holzpüppchen nicht auf dem Arm, sondern auf dem Rücken mit sich herum, weil sie hoffen, so später selbst schöne Töchter gebären zu können. Derart bereiten sie sich via Puppe auf ihr späteres Rollenverhalten vor. Ob Haare oder Perlenschmuck – in der Ausgestaltung ihrer Puppen ließen sich afrikanische Hersteller nicht beirren, sie schmückten ihre Puppen mit landschafts- und naturgegebenem Material, wie es auch die Völker aus dem hohen Norden taten, allen voran die Eskimos, die bei ihren

Puppen – an ihren Booten als Glücksbringer angebracht – mit kostbaren Fellen und Häuten nicht geizten und sie mit allerlei Strandgut nebst Walroßzähnen schmückten. Für das europäische Mittelalter, das als die erste Blütezeit einer Puppenkultur in unseren Breiten angesehen werden darf, muß man sich mehr auf die schriftlichen Quellen denn auf handfeste Zeugnisse verlassen: Die Puppen all der kleinen Prinzessinnen und Prinzen ritterlichen Geblüts sind weitgehend verbal und per Epos überliefert. Das zeugt von einer Puppenvorliebe der Ritterskinder, die, schon früh mit den Spielregeln handfester Turniere vertraut, diese auch auf die Ebene des Puppenspiels übertragen haben. Und da hat manch Puppenköpfchen, mancher Puppenkörper frühzeitig dran glauben müssen. Nicht nur wortgewandt ist das Ritterspielzeug überliefert; der Holzschnitt und dessen Verbreitung mittels der Buchdruckerkunst hat uns Illustrationen erhalten, in denen ein Puppenmacher in der Werkstatt bei der Arbeit konterfeit ist. Dieses «Hortus sanitatis» genannte Werkchen, am Ende des 15. Jahrhunderts in Mainz verlegt, zeigt, daß es sich dabei um hölzerne Gliederpuppen handelt, die da gerade unter dem Schnitzmesser des Meisters gedeihen. Neben Mainz ist Nürnberg die Fundgrube für zahlreiche, bis zu 50 cm große Tonpuppen, die man Mitte des vorigen Jahrhunderts unterm Straßenpflaster fand. In Kleidung und Haartracht sehen sie so aus wie die überlieferten Abbilder Erwachsener um die Mitte des 15. Jahrhunderts.

Dockenmacher, aus Weigel,
Hauptstände 1698

Die mittelalterlichen Puppen sind jedoch nicht mehr rein weiblichen Geschlechts und nur damenhaften Stands. Wenn auch noch nicht Abbilder eigener Kindlichkeit und mädchenhafter Süße, so kannte man doch schon Puppen als Wickelkinder, die fest vertäut im Steckkissen lagen. Die Bedeutung der Klöster für jene Zeit läßt sich an der Existenz von Nonnen und Mönchen in Puppengröße ablesen. Priesterpuppen erfreuten sich aber besonders in Italien einer großen Beliebtheit. Mit ihrer Hilfe vollzogen bereits Kinder die Heilige Messe oder stellten andere religiöse Andachtsübungen nach. Selbstverständlich durfte religiöses Beiwerk in Gestalt von Weihrauchfässern und Leuchtern im Miniformat nicht fehlen, das in Zinn ausgeführt erscheint. Solche Funde bestätigen Nürnbergs frühen Ruf als zunehmend bedeutungsvoller werdende Spielzeugmetropole. Bereits die Zunftbücher des Jahres 1413 verzeichnen den Dockenmacher. «Docke» oder «Tocke» hatte es schon bei Wolfram von Eschenbach geheißen. Der Ausdruck sollte sich noch 300 Jahre weiter fortpflanzen, bis man allmählich zum Gebrauch der lateinisch-stämmigen Bezeichnung Puppe, ursprünglich pupa, überging. Noch Martin Luther sprach von der Frau als «hübscher Tocke» und erst in einem «Frauenzimmerlexicon» des Jahres 1715 werden beide Wörter, Docke sowie Puppe, gleichrangig nebeneinander verwendet.

Dockenmacher, aus Weigel,
Hauptstände 1698

Aber auch mit zunehmender Existenz von Puppen war das Zeitalter des «Kindes» noch längst nicht angebrochen: Noch sahen alle Puppen aus wie Erwachsene en miniature, mit dem gleichen steifen Lächeln, dem Pomp beengender Kleider ein Abbild mehr der Großen als der Kleinen, für die sie doch gedacht waren. Vorbild für Kinder war nicht das Kind an sich, sondern die große beherrschte Dame. Kein Wunder, daß sie in Puppenform eine ähnliche Funktion erfüllt wie die Gliederpuppe für den Maler: Modell für den Menschen beziehungsweise die Mode zu sein. An solchen Puppen ließ sich die herrschende Kleidermode trefflich demonstrieren. In Paris, ohnehin ein Zentrum der Mode, war es bereits im höfischen Mittelalter Brauch gewesen, daß die Königinnen prachtvoll gekleidete Puppen als Botschafterinnen der Mode an andere Höfe verschickten, um ihresgleichen ein lebendiges Bild von Rang der Pariser Couture zu vermitteln. Ein Oberhofsticker Karls V. erhielt dazumal 459 Francs für eine von ihm gearbeitete Puppengarderobe, und Isabeau de Bavière, von Bayern als Königin an den französischen Hof gekommen, versorgte ihre Tochter, die als Königin Isabelle auf dem englischen Thron saß, mit einer Puppe, die ihr neueste französische Eleganz vermitteln sollte. Da die Puppe lebensgroß war, konnte die Tochter die Kleider gleich an sich selbst ausprobieren. Und nicht nur die Damen des Hochadels schickten Puppen als Sendboten der neuesten Mode in die Welt; auch Könige wußten sich mit Modepuppen bei ihren Mätressen beliebt zu machen. Im 18. Jahrhundert entwickelte sich dann der Export von Modepuppen zu einem einträglichen Geschäft nicht nur für die Puppenmacher, sondern auch für die

Pariser Modehäuser, die die Botschafterinnen der Mode als Mannequins von damals im Puppenformat nach England und Deutschland, Italien und Spanien auf die Reise schickten. Und selbst Amerika ließ sich zu jeder neuen Saison die jeweils neuesten Modepuppen über den Ozean kommen.

Schließlich lösten Modemagazine mit den Stichen der neuesten Modelle die Puppen-Mannequins um die Mitte des vorigen Jahrhunderts ab. Trotzdem konnten es die Damen der Gesellschaft nicht lassen, sich mit Paradepuppen aus Porzellan und Biskuit auszustatten, deren Garderobe ihrer eigenen an Kostbarkeit kaum nachstand.

Aus der Galerie des Modes · 1780

Bis die Produktion von Puppen aus Prozellan, Parian und Biskuit einsetzte, hatte es vorwiegend Holzpuppen gegeben, die überall dort produziert wurden, wo in waldreichen Gegenden das Material dafür ohnehin vorhanden war. Vorausgegangen waren ihnen sogenannte Gliedermänner, die jede gewünschte Haltung einnehmen konnten und mittels deren Maler die Figurengruppen für ihre Gemälde komponierten. Viele von ihnen kamen aus den Schnitzhochburgen Salzburg und Regensburg. Im 17. Jahrhundert entstanden dann im waldreichen Thüringen mit Zentrum in Sonneberg gedrechselte, bemalte Holzdocken mit geschnitzten angesetzten Armen und spitzen Nasen. Ihre schlanke Taille unterscheidet sie deutlich von Tiroler Puppen. Fatschenkinder kamen aus Oberbayern, vornehmlich Oberammergau, und aus dem waldreichen Grödnertal verkauften Hausierer die geschnitzten Puppen bis nach Bayern und Italien. Häufig wurde das Gesicht solcher Holzpüppchen mit Brotteig überbacken und dadurch pausbäckiger, lebendiger gemacht. Auch die holländische Industrie ließ sich die Produktion von Holzpuppen, sehr wahrscheinlich nach Tiroler Modellen, angelegen sein. Als Dutch Dolls wurden sie auch nach England exportiert. In England hatte sich aber auch ein eigener Puppentyp etabliert: die sogenannte Queen Anne Puppe, die sich, zeitlich mit der Regierungszeit der englischen Königin zusammenfallend, bis ins 19. Jahrhundert behauptete. Mit ihrer überhohen Stirn, den kräftigen Bäckchen hat sie das Schönheitsideal zu Anfang des 18. Jahrhunderts überliefert. Aber auch Queen Victoria war, noch Prinzessin, eine leidenschaftliche Liebhaberin von Puppen. Obwohl zu ihrer Zeit bereits Wachs- und Parianpuppen große Mode waren, hatte sie ihr Herz an die hölzernen Dutch Dolls verschenkt. Ihre Sammlung von 8 bis zu 30 cm großen Puppen, die sie eigenhändig katalogisierte, ist heute noch in Kensington Palace zu bestaunen. Sie umfaßt 132 Puppen, wovon sie einen beträchtlichen Teil selbst einkleidete.

Ma poupée · Kupferstich von Noël ·
Paris 1806

Komplizierter, dafür aber lebensechter sahen die Wachspuppen aus, die modelliert, geformt oder gegossen, leicht einzufärben waren. Oft waren auch nur Köpfe und Hände aus Wachs. Hier waren in Europa besonders die katholischen Länder mit ihren Votivgaben aus Wachs führend in der Puppenherstellung. Bereits im 17. Jahrhundert stellt ein gewisser Daniel Neuberger in Augsburg schöne Wachspuppen her. In England, das eine große Wachspuppentradition aufzuweisen hat, wurde dann eine italienischstämmige Familie, die Montanaris, wegen ihrer hinreißenden Wachspuppengeschöpfe weit über die Insel hinaus berühmt. Englische Wachspuppen zählen zu den künstlerischen und qualitativ hochwertigsten Puppen dieses Typs. Die Gliedmaßen und der Kopf wurden zunächst einzeln modelliert und dann ebenfalls wieder in Einzelformen gegossen. Wimpern und Augenbrauen wurden sorgfältig eingesetzt, die Haare mit einer heißen Nadel in den Kopf eingepflanzt. Noch eine italienische Einwandererfamilie kam in England zu Ruf und Ansehen: die Pierottis mit ihren Puppen von besonders dunklem, zartschimmernden Teint und büschelförmig eingesetzten Haaren. Die Pierottis produzierten auch Portraitpuppen. Aber auch die Papiermachépuppe nahm von England aus ihren Weg auf den Kontinent. Zum weißen ausgestopften Leinenkörper gehörten zarte Gesichter mit feinem Wachsüberzug und Echthaarbrauen und Wimpern, dazu ein blondes Scheitelhaar. Den englischen Exemplaren gegenüber nahmen sich deutsche Wachspuppen eher billig und bescheiden aus. Das fertig bemalte Papiermachéköpfchen wurde nur mit einer dünnen Wachsschicht überzogen. Die Herzogin-Witwe Luise Leonore von Sachsen schuf dann für die Sonneberger Holzpuppenindustrie dank ihres Privilegs zur Verwendung von Papiermaché eine neue Ausgangsbasis. Das war 1805.

Ma sœur regarde donc ma jolie poupée ·
Kupferstich von Noël · 1806

Bereits 1820 gelang es dem Sonneberger Modelleur Martin Heidler, ein Patent für seine gießfähige Papiermachémasse zu erwirken. Nun konnte Papiermaché wie Porzellan in Gipsformen gegossen werden. Der wachsierte berühmt gewordene Sonneberger Papiermaché-Täufling ist um die Mitte des vorigen Jahrhunderts dem lange Jahre in England tätigen späteren Sonneberger Fabrikanten Heinrich Stier geglückt. Er kreierte einen Papiermachékopf mit fleischfarbigem Wachsüberzug; der darübergestäubte Weizenpuder gab dem Gesichtchen einen babyweichen Teint. Derselbe Heinrich Stier präparierte 20 Jahre später das Material so, daß es waschbar und hitzebeständig wurde. Trotz dieser Vorteile ließ sich der Siegeszug der Porzellan- und Biskuitpuppen – die frühesten Beispiele mit aufgemalten damenhaften Gesichtszügen und anmodellierten enggedrehten Löckchen sind um 1800 entstanden – nicht aufhalten. Um 1830 sehen die Frisuren schon wieder ganz anders aus. Jetzt herrscht die hohe, zurückgekämmte Haartracht vor, die in einem Krönchen oder in Ohrenschnecken endet. Die ständig wechselnde Frisurenmode ist heute für den Sammler zur unentbehrlichen Datierungshilfe geworden. Im Jahre 1860 trug man auch in der Puppenmode Chignons und von 1890 an bereits Ponys. Zunächst war es hochglasiertes Hartporzellan, das in der Puppenindustrie verwendet wurde; bald wurde es auch von unglasierten, ohne Farbauftrag gebrannten Köpfchen ergänzt, Parian genannt, weil es wie parischer Marmor schimmerte und viel weicher und lebendiger wirkte. Auch hier zunächst dieselben Schulter-Köpfchen wie in Porzellan, denn der bewegliche Halsansatz kam erst um die Mitte des vorigen Jahrhunderts auf. Um 1860 folgten dann Porzellanpüppchen, die diesen Namen eher verdienen. Denn jetzt waren auch Arme und Beine aus Porzellan. Die dritte Variante der Porzellanpuppe – Puppen mit schimmernden Biskuitköpfchen – stammten aus deutschen Porzellanmanufakturen, wurden dann aber in Frankreich in Vollendung hergestellt. Die «poupées de luxe» waren geboren, die im Nu die Herzen aller jungen und alten Puppenmütter erobern und ihren Platz dort bis auf den heutigen Tag behaupten konnten. Daß hier und da die Erstgeburt der Biskuitporzellanpuppe unseren französischen Nachbarn zugeschrieben wird, soll hier keine Streitfrage sein. Bemerkenswert bleibt, daß einige deutsche Hersteller wahre Kunstwerke dieser Puppengeneration schufen, die auf der ganzen Welt begeistert aufgenommen und geliebt wurden. So schlagen heute noch Sammlerherzen beim Anblick deutscher Charakterpuppen höher.

*Puppen aus der französ. Revolutionszeit ·
Aus einem Spielwaren-Katalog
(nach Henry René d'Allemagne,
Histoire des Jouets)*

Englische Ankleide-Puppe · um 1800

Glasiertes Porzellan (China head),
Parian und Biskuitporzellan

Im allgemeinen ist das, was man unter Porzellan zu verstehen hat, für jeden verständlich. Geht es aber um Porzellan in der Puppenwelt, gilt es zwischen glasiertem Porzellan, Parian und Biskuitporzellan zu differenzieren.

Glasiertes Porzellan (China head)

Dieses als klassisch zu bezeichnende Porzellan war längst schon erfunden, als es um 1840 glaubwürdigen Berichten zufolge von deutschen und dänischen Manufakturen, wie Meissen, Nymphenburg etc., zur Herstellung von Puppenköpfen neu entdeckt wurde. Anläßlich der Gewerbeausstellung 1845 in Wien stellte die Firma Lippert & Haas Puppenköpfe der Porzellanfabrik Schlaggenwald vor. Einem Bericht von Mary Hillier zufolge hat ihr jedoch die Kustodin des Sonnenberger Spielzeugmuseums einen Puppenkopf aus glasiertem Porzellan (abgebildet auf Seite 144 ihres Buches «Puppen und Puppenmacher») gezeigt, der in die Zeit zwischen 1780 und 1790 einzuordnen ist. Wie dem auch sei, dem glasierten Porzellan ist zwar ein schöner Lüster eigen, doch handelt es sich hier, schon wegen des Glanzes, um eine recht kühle Schönheit, die nicht gerade geeignet war, Kinderherzen aufzuschließen. Hinzukam, daß diese Puppenköpfe oftmals nicht sehr sorgfältig gefertigt bzw. bemalt wurden.
Puppen aus glasiertem Porzellan mit Stoffkörper wurden auch «Nankingpuppen» genannt.

Parian

Die englische Firma Copeland kreierte 1842 das Parische Porzellan, abgekürzt Parian. Die Bezeichnung wurde von dem auf der Insel Paros gebrochenen Parischen Marmor entlehnt. Das sichtbare Unterscheidungsmerkmal von Parian zum glasierten Porzellan war vor allem seine matte Oberfläche. Ob es sich im Einzelfall bei einer Puppe wirklich um Parian handelt, wird in der Regel dann mit ja zu beantworten sein, wenn außer der üblichen Bemalung der Wangen etc. die freien Stellen weiß sind. Ist dies nicht der Fall und hat das Porzellan einen rosa Farbton, wird diese Puppe in die Kategorie der Biskuitporzellanpuppen einzuordnen sein. Bei Parianpuppen wurden die Haare fast ausschließlich blond gemalt und so tauchen nur sehr selten Exemplare mit schwarzen Haaren auf. Zu erwähnen bleibt, daß sowohl bei glasierten Porzellanköpfen als auch bei Parian die Haare oft modelliert wurden. Vor allem bei Parianpuppen findet man zusätzlich aufmodellierte Haarschleifen, Blumen oder Hüte, wie beispielsweise der Biedermeier-Schutenhut der Parianpuppe auf Seite 45.
Bei einigen wenigen Exemplaren waren in Parianköpfe Glasaugen eingelegt, während es sonst üblich war, die Augen zu malen. Die Ohren waren oft durchstochen.

Biskuitporzellan

Zwischen 1860 und 1870 sollen in Frankreich die ersten Biskuitporzellanpuppen aufgekommen sein. Biskuitporzellanpuppen haben durch ihren matten Hautschimmer und ihre pfirsichfarbigen Gesichter sofort die Herzen der Kinder und Erwachsenen erobert. Die gerade erst etablierte Parianpuppe wurde verdrängt, und der Siegeszug von Millionen von Biskuitpuppen begann, denn bereits ab 1878 wurde dieser Puppentyp in Großserien von französischen und deutschen Firmen (Thüringen) hergestellt. Biskuitporzellan wurde zweimal gebrannt, aber nicht glasiert. Der erste Brand brachte hartes und weißes Porzellan hervor, das dann bemalt und ein zweites Mal gebrannt wurde, so daß eine innige Verbindung der Farbe mit dem Porzellan die Folge war. Die äußerliche Abgrenzung zwischen Parian und Biskuit ist vor allem in der Porzellanfarbe zu suchen, die im ersten Fall weiß und im zweiten Fall rosa ist und der menschlichen Gesichtsfarbe ähnelt.

Porzellanpuppe
ungemarkt · ca. 1840–1850 · frühe glasierte
Porzellanpuppe · vermutlich deutsch ·
Porzellanschulterkopf · Holzrumpf
mit beweglichen Holzoberarmen und Beinen
mit Scharniergelenken · Unterarme und
Unterschenkel aus glasiertem Porzellan ·
beweglich durch ein Scharniergelenk
am Holzoberarm und Oberschenkel ·
die linke Hand ist als Faust geformt, die
rechte ist dagegen geöffnet · Größe 28 cm

Anatomie einer Puppe

Der Kopf

Viele Kindertränen wurden schon um einen zerbrochenen Puppenkopf geweint. Aber auch so manches Sammlerauge wurde schon feucht ob eines ähnlichen Mißgeschicks. Porzellan ist nun einmal zerbrechlich und bedarf behutsamer Behandlung. Haarrisse oder gar Sprünge mindern den Wert beträchtlich, was in besonderer Weise zutrifft, wenn sich ein Sprung durch die Gesichtspartie zieht. So ist es ratsam, vor jedem Kauf die Perücke abnehmen zu lassen und in den Kopf hineinzuleuchten (Taschenlampe). Bei den meisten Biskuitporzellanpuppen ist zum Einsetzen der Augen und Zähne der Kopf oben offen, der dann mit dem «Kopfdeckel» aus Pappe oder Kork verschlossen und durch die Perücke voll kaschiert wird. Diverse Löcher am Kopfrand dienten der Gewichtsverringerung beim Übersee-Export, selten zur Körper- oder Perückenbefestigung. Puppen mit geschlossenem Kopf werden Rundkopfpuppen (bald head) genannt; bei französischen Puppen ist der Beltontyp erwähnenswert. Bei diesen Rundkopfpuppen wurden die Augen von unten eingesetzt. Ganz wesentlich in der Anatomie des Kopfes ist die Verschiedenartigkeit seiner Verbindung mit dem Körper. So unterscheidet sich der Brustblattkopf (shoulder head) zum Kurbelkopf (socked head), wie in den beiden Bildern dieser Doppelseite demonstriert und in Kurztexten erläutert wird.

Eine dritte Variante ist der Kurbelbrustkopf («swivel neck»), bei dem Kopf und Hals wie beim Kurbelkopf ein Ganzes bildet. Der Kopf ist auch hier drehbar, allerdings wird er nicht direkt in den Körper, sondern in eine sogen. Brustplatte eingesetzt, die ihrerseits mit dem Körper verbunden ist. Im Gegensatz zum zweiteiligen Körperaufbau der beiden anderen Typen handelt es sich also bei der Kurbelbrustkopfpuppe um einen dreiteiligen Körper. Als vierte Variante ist der «Einbindekopf» (auch Ringhalskopf genannt) zu erwähnen. Dieser hat einen breiten nach außen verlaufenden Hals, in dem sich Löcher zur Befestigung des (Stoff-) Körpers mittels einer Schnur befinden. Der Kopf wird also in den Körper «eingebunden» und ist nicht beweglich.

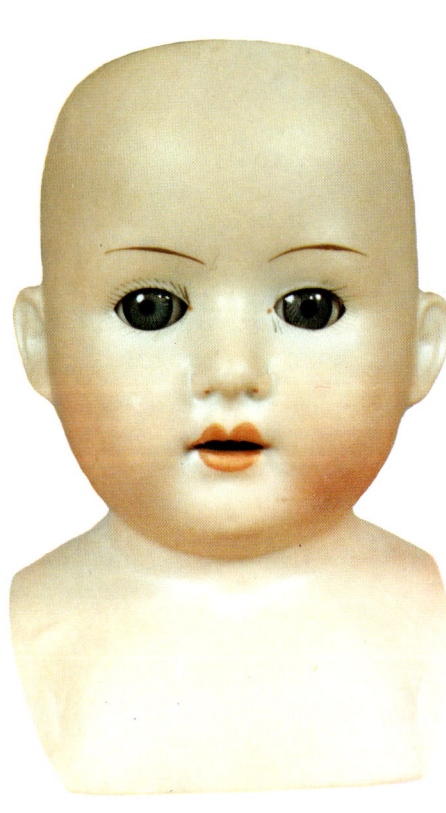

Beispiel für einen Brustblattkopf, oft auch Schulterkopf genannt, bei dem Kopf und Schulter fest verbunden sind und der Kopf somit nicht beweglich ist.

Die Augen

Gerade die Augen prägen das Individualistische einer Puppe im besondern. Ihre Vielfalt ist groß: Schlicht gemalte, raffiniert gemalte mit Vertiefungen wie bei den Intaglio-Augen, bei denen Iris und Pupille konkav ausgebildet werden, feststehende und bewegliche Glas-Schlafaugen (Hebelwirkung durch Gegengewichte möglich), Schiel- bzw. Schelmenaugen (Googly, Seite 117), variable Augen, die normal schauen und schielen können, wie die 117 N auf Seite 109 («flirting eyes»), und schließlich die berühmten Paper-weight-Augen französischer Puppen, vornehmlich bei Jumeau. Paper-weight-Augen sind eine englische Erfindung um 1849 (Bristol), wurden mundgeblasen und faszinieren durch ihre Tiefenwirkung und Farbe, ähnlich den Briefbeschwerern, den «paper-weights». Was die Augenwimpern anbetrifft ist zu erwähnen, daß diese oft gemalt wurden, daß es u.a. aber auch am oberen Augenlid solche aus Haaren (S. 91), aus Fell (S. 79) und aus Stoff (S. 81) gibt.

Der Mund

Nach den schimmernden und den Menschenaugen ähnlich sehenden Glasaugen ist der Mund der Puppe für ihr Aussehen von größter Bedeutung. Er verleiht der Puppe ihr charakteristisches Aussehen und bewirkt, daß sie geheimnisvoll oder melancholisch lächelt, lieblich oder auch manchmal dümmlich in die Welt schaut. Die frühen Biskuitporzellankopfpuppen hatten meistens einen geschlossenen Mund, sind heute aber seltener, deshalb gesuchter und teurer. Später fand man den geöffneten Mund mit Zähnchen vielseitiger und lieblicher. Relativ selten und nicht gerade hübsch sind Babypuppen mit weit aufgerissenen, schreienden Mündern. Außer dem offenen und geschlossenen Mund gibt es noch den offengeschlossenen Mund. Bei diesen Puppen sind Mund, Zunge und Zähnchen so modelliert und bemalt, daß der Mund so aussieht, als wäre er offen; in Wirklichkeit ist aber keine Öffnung zum Mundinneren vorhanden. Offen-geschlossen bezeichnet man auch die Puppenmünder, bei denen zwischen Ober- und Unterlippe ein teils bemalter, teils unbemalter Zwischenraum frei bleibt.

Bei den deutschen Biskuit-Charakterpuppen ist besonders der schmollende Pouty-Mund hervorzuheben, der diesen Puppentyp in besonderer Weise berühmt gemacht hat. Natürlich gab es bezüglich der Formgebung des Mundes und seiner Bemalung viele Varianten, so z.B. den runden «Pfeifmund», der sicher auch für die Puppenmütter zum Fläschchengeben besonders geeignet war. Viele Charakterpuppen (groß in Mode ab 1910), wie die 117 von Kämmer & Reinhardt, Simon & Halbig oder die 1448 von Simon & Halbig, verdanken ihre Schönheit zu einem Großteil der dunkelrot geschwungenen Mittellinie zwischen den Lippen.

Erfahrene Sammler erkennen häufig schon an der Bemalung des Mundes den Hersteller, was ganz besonders für die Unterscheidung zwischen deutschen und französischen Puppen von Bedeutung ist. Gerade bei französischen Biskuitporzellankopfpuppen legten die Hersteller allergrößten Wert auf eine nuancierte Bemalung. Die Konturen des Puppenmundes wurden meist mit einem Federkiel hauchfein vorgezeichnet, und zwar in verschiedener Weise: Mal waren es durchgehende Linien, mal zwei winzige Bögen auf der Oberlippe und zwei unter der Unterlippe, in seltenen Fällen Pünktchen. Die Farbskala spielte vom zartesten Rosa bis zum dunkelsten Rot. Meist war der Mund zweifarbig bemalt und die Farbe wurde mit einem feinen Pinsel aufgetragen. Nach 1910 wurde die Bemalung des Puppenmundes meist sehr einfach. Man bemalte den Mund gleichmäßig mit roter Farbe und oft ohne besondere Betonung der Konturen. Biskuitporzellankopfpuppen mit Klappmund, wie die Nummer 1833 von Simon & Halbig, sind recht selten.

Die Ohren

In den meisten Fällen wurden die Ohren mit dem Kopf in einer Form gegossen. Gerade bei Biskuitporzellankopfpuppen sind immer wieder Exemplare zu finden, bei denen die Ohren aufmodelliert wurden und sehr ausgeprägt sind. Puppen mit durchstochenen Ohren sind besonders gefragt, kann man doch diese mit Ohrringen erheblich verschönern.

Die Haare

Bei Puppen aus glasiertem Porzellan, aber auch bei Parianpuppen, war das Tragen von Perücken relativ selten. Stattdessen malte man Haare auf oder die Haare wurden modelliert, um sie dann zu bemalen.

Für Biskuit-Porzellankopfpuppen wurden vor allem Perücken aus Lammfell (= Fellperücken), aus Menschenhaar (= Echthaarperücken) und aus Ziegenhaar (= Mohairperücken) hergestellt. Bei Fellperücken wurde vornehmlich das Fell vom Babylamm verwendet. Echthaarperücken erforderten den größten herstellerischen Aufwand, da sie handgeknüpft wurden. Dies bedeutet, daß für einen Knüpfvorgang etwa 3 oder 4 lange Haare bis zu ihrer Hälfte durch einen gazeartigen Stoff gefädelt und mittels Schlingknoten geknüpft wurden, was dann schließlich 6 bzw. 8 Haare ergab. Kein Wunder also, daß handgeknüpfte Echthaarperücken so selten sind. Für Mohairperücken wurde das Ziegenhaar gekocht, gefärbt und Strähne für Strähne auf Garn aufgefädelt bzw. zur «Tresse» verarbeitet. Dann erfolgte die Weiterverarbeitung der Tressen zur Perücke durch Aufnähen auf ein Stoffhäubchen oder dergleichen. Wurde eine Lockenfrisur gewünscht, wurden die Haare auf Holzstäbchen gedreht. Das Verarbeiten der Haare zur Tresse übernahm übrigens etwa ab 1900 die Maschine.

Vor dem Aufkleben der fertigen Perücke wurde der meistens offene Kopf der Puppe mit dem sogenannten Kopfdeckel, in der Regel aus Pappe, bei französischen Puppen aus Kork, verschlossen. Leider werden heute beim Aufkleben der Perücken nicht selten Hartkleber verwendet, so daß diese Perücken nur sehr schwer wieder losgelöst werden können, was oft Beschädigungen am Kopf zur Folge hat. Lösliche Kleber, zumindest aber Weichkleber, wie Fixogum (Grafikerkleber), sind da eine bessere Empfehlung.

Beispiel für einen Kurbelkopf, bei dem der Kopf bzw. der Hals im Körper mündet, von innen befestigt wird und drehbar ist.

Anatomie einer Puppe:
Puppenkörper

Deutscher Lederkörper mit Glieder-verbindungen aus Draht. In den meisten Fällen wurden für Puppenbälge Ziegen- und Schafsleder sowie Wachsstoff verwendet. Die Arme waren oft aus Porzellan, selten aus Zelluloid. Bei der obigen Puppe handelt es sich um eine Brustblattkopfpuppe der Marke Ruth.

Körper-Kombinationen

Für Porzellan-, Parian- und Biskuitporzellanköpfe wurden bei der Herstellung der Körper vor allem die Materialien Holz, Mischmasse bzw. Composition, Papier-maché, Stoff, Leder und Porzellan verwendet. Sie wurden auch untereinander kombiniert, so daß beispielsweise die Stoff- oder Lederkörper, die sogenannten Puppenbälge, Arme und Beine aus Holz oder Porzellan hatten.

Holzkörper

Holzpuppen wurden lange schon vor den Porzellanpuppen hergestellt und so ist es nur logisch, wenn das später für Puppenköpfe verwendete Porzellan bzw. Biskuitporzellan mit Holzkörpern kombiniert wurde. Holzpuppen bzw. -körper wurden vielerorts hergestellt, jedoch ist an dieser Stelle im besonderen auf Gröden bzw. das Grödner Tal/Südtirol hinzuweisen. Bereits in den ersten Jahrzehnten des 19. Jahrhunderts fertigte man dort achtgliedrige Holzkörper an. Zwei Grödner Puppen mit Biskuitköpfchen und viergliedrigen Holzkörpern werden als Puppenstubenpüppchen auf Seite 143 vorgestellt.

Mischmasse bzw. Composition

«Pülpe» ist seit Jahrhunderten der Faserbrei in der Papierherstellung. Dieser klebrigen Masse wurden Substanzen wie Leim hinzugefügt, um sie besser formbar zu machen – die sogenannte «Masse» zur Herstellung von Puppenköpfen war geboren. Diese «Masse» wurde später durch andere Zusätze wie Kaolin, Sand und Kreide noch verbessert und das Produkt nannte man schließlich «Mischmasse» bzw. Composition (englische Sprechweise). Es fand starke Verbreitung und viele Biskuitporzellanköpfe erhielten Körper aus diesem Material in vielerlei Zusammenmischungen.

Für Puppen mit Biskuitporzellanköpfen wurden überwiegend Körper aus Composition bzw. Holz-Composition hergestellt, die meistens 8 oder 10 Glieder bzw. Gelenke haben und damit sehr beweglich sind. Letzteres traf insbesondere für den bereits 1861 von dem französischen Puppenhersteller Bru erfundenen und 1869 patentierten «Kurbelgelenkkörper» und den von Heinrich Stier aus Frankreich übernommenen und in Deutschland 1880 eingeführten «Kugelgelenkkörper» zu. Durch das mit der Pfanne verbundene Kugelgelenk konnten die Glieder nicht nur nach vorne, sondern nach allen Seiten bewegt werden. Da die Kugelgelenke meistens aus Holz gedrechselt, der Körper sonst aber aus Composition besteht (Arme manchmal aus Holz), spricht man hier gerne von Körpern aus «Holz-Composition». Als die kürzere Mode aufkam, wurden beim sogen. «Toddlerkörper» (kurzer, stämmiger Körperbau) die Knie entgegen allen anatomischen Gesetzen ein Stück nach oben verlegt, sodaß die störenden Kugelgelenke nicht mehr sichtbar waren. Der ab 1890 eingeführte «Steifgelenkkörper» war übrigens hinsichtlich des Bewegungsapparates ein Rückschritt, hatte er doch nur vier Glieder.

Eine eigenständige Entwicklung nahmen die Körper für Babies ein: Sitzbabies mit gebogenen Gliedern nach dem Vorbild eines sechs Wochen alten Menschenbabies kamen ab 1909 in Mode und konnten nur sitzen; Stehbabies hingegen nach dem Vorbild von ein bis zwei Jahren alten Babies werden ab 1912 registriert, hatten ebenfalls keine beweglichen Knie und konnten nur stehen; Stehsitzbabies konnten beide Funktionen erfüllen und haben diese Entwicklung quasi abgeschlossen.

Papiermaché

Vorläufer des Papiermachés war das Pappmaché, das durch das schichtweise Übereinanderkleben mehrerer Pappkartons Stabilität erreichte, aber im Vergleich zur Mischmasse den Nachteil hatte, steif und unformbar zu sein. Später wurden mehrere Lagen dünner Pappe in Leimwasser weich gemacht und in Halbformen «gedrückt», um dann schließlich die einzelnen Lagen wieder mit Kleister zu verleimen. Die noch nicht ganz trockenen Halbteile wurden den Halbformen entnommen, gänzlich getrocknet und mit den jeweils anderen Halbteilen durch Verleimen verbunden und der Endbearbeitung zugeführt. Über den eben erwähnten Weichmacherprozeß wurde Pappmaché formbar und man sprach fortan bei der Puppenherstellung von Papiermaché, das von Hand, später maschinell gefertigt wurde. Papiermachépuppen konnten sogar im Stanzverfahren hergestellt werden. Papiermaché erreicht nach seiner Trocknung und durch seinen Hohlzustand der Körper und Gliedmaßen eine große Stabilität. Finger hingegen konnten nicht als Hohlkörper hergestellt werden, sie mußten vielmehr massiv gegossen werden, was den Umstand erklärt, daß Puppenfinger häufig abgebrochen sind. Massiv ist hier also nicht gleichzusetzen mit stabil.

Stoff- und Lederbälge

Die Puppenbälge wurden mit diversen Materialien, wie Sägemehl, Roßhaar, Watte, Seegras etc. gefüllt und abgenäht. Für Lederbälge verwendete man vorrangig das weiche Ziegen- und Schafsleder, jedoch wurde dieses Naturmaterial nach 1900 immer mehr von kunstlederartigem Material abgelöst. Die Stoff- und Lederbälge wurden am Brust- und Schulterblatt der Köpfe angenäht oder angeklebt. Um ältere Puppen restaurieren zu können, gibt es auch heute geschickte und fleißige Hände, die Lederbälge noch originalgetreu anfertigen. Für deutsche Puppen werden die Glieder oft in einfacher Weise abgenäht, während nur für bestimmte deutsche (z. B. Kestner) und französische Puppen, Zwickel genäht werden, die eine bessere Beweglichkeit der Puppen ermöglichen.

Lederkörper, die aus mehreren Gliedern bestanden, wurden auf vielfältige Weise miteinander verbunden. So gab es im Körperinneren Drahtgestelle, Drahtverbindungen, «genietete» und «genagelte» Gelenke usw. Diverse Varianten der Lederkörper, ihrer Glieder und Gelenke mit unterschiedlichen Bewegungsmechanismen beweisen auch hier den Einfallsreichtum.

Porzellankörper

Puppen, die von Kopf bis Fuß aus Biskuitporzellan hergestellt sind, fanden im englischen die Bezeichnung «all-bisc-dolls». Ein derartiges Exemplar repräsentiert das auf dem Brunnen sitzende Püppchen auf Seite 48, bei dem der Kopf nicht beweglich, also mit dem Körper fest verbunden ist und das deshalb auch «stiff-neck» bzw. Steifhalspuppe genannt wurde. Ganz aus Porzellan sind auch die Badepuppen. Die Mehrzahl wurde aus glasiertem Porzellan (erheblich weniger aus Biskuitporzellan) hergestellt. Die kleinen Ausführungen der Badepuppen nannte man bei den Mädchen «Gefrorene Charlotte» bzw. «Frozen Charlotte» und bei den Jungens «Gefrorener Charlie» bzw. «Frozen Charlie». Blonde Badepuppen gab es sehr viel seltener als schwarze. Nippespüppchen ganz aus glasiertem Porzellan oder Biskuitporzellan wie auf Seite 147, sind hier ebenfalls zu erwähnen.

Puppenkörper und ihr Zustand

Für die Beurteilung des Originalzustandes und damit auch des Werts einer Puppe kommt es nicht nur auf einen unbeschädigten Kopf und die Beschaffenheit der Kleidung, sondern auch auf den Zustand des Körpers an. Wenn eine Puppe ihrem eigentlichen Zweck gedient hat, also von Kinderhänden «bespielt» wurde, dann kommt es nicht selten vor, daß beispielsweise Teile der Finger abgeplatzt, diese vielleicht sogar abgebrochen sind, oder auch der Körper stark beschädigt ist. Um letzteres zu erkennen, empfiehlt es sich vor jedem Kauf, die Puppe ausziehen zu lassen. Bei dieser Gelegenheit entdeckt man dann auch möglicherweise, daß sie aus nicht zueinanderpassenden Körperteilen zusammengestellt wurde, daß sie vielleicht sogar später einen Körper erhalten hat, der in seiner Größe, Charakteristik, Marke oder Zeit überhaupt nicht zu ihr paßt.

Klassischer deutscher Gliederkörper aus Holz-Composition; 12 Gelenke mit antaillierter Körpermitte und kräftig geformten Händen. Kurbelkopfpuppe der Marke Heinrich Handwerck, Simon & Halbig.

Puppenkleider

Porzellankopfpuppen sind oft 80 oder 100, in manchen Fällen über 120 Jahre alt. Wen wundert es dann, daß in vielen Fällen die Originalkleidung überhaupt nicht mehr erhalten ist oder nur noch aus Fetzen besteht, wie dies die Fotos dieser Doppelseite eindrucksvoll belegen. Der Zahn der Zeit und das Spielen der Kinder mit ihren Lieblingen sind ganz natürliche Verschleißursachen, denn nicht jede Puppe stand wohlbehütet in der Vitrine, war von Motten und anderen Zerstörfaktoren geschützt. So gilt es von vornherein mißtrauisch zu sein, wird eine sehr alte Puppe in gutem Zustand als original gekleidet angeboten. Für den zutreffenden Fall rechtfertigt dies allerdings einen angemessen höheren Preis als sonst üblich, was bis zu 30 % zu Buche schlagen kann. Sehr häufig handelt es sich aber schon um die zweite oder gar dritte Kleidergarnitur der Puppe, was schließlich auch nicht zu verachten ist, wenn hierfür altes Material verwendet wurde und der Schnitt, die Garnierung usw. dem Stil der Zeit entsprechen. Diese Kriterien sollten sich auch Sammler zu eigen machen, wenn sie daran gehen, ihre Puppen selbst einzukleiden. Dies allein ist nämlich schon ein Hobby für sich, das ein wiederholbares Erfolgserlebnis zu bieten hat, gleichzeitig aber die Puppe in neuem Glanz erscheinen läßt. Und das bedeutet wiederum viel Freude, oft sehr viel Freude! So empfiehlt es sich, auf Flohmärkten, in Trödelläden, in Urgroßmutters Kleiderkiste und wo auch immer sich die Möglichkeit bietet, nach gut erhaltenen alten Stoffen, Spitzen, Bändern und Blumen zu suchen. Fündig wird man immer, das beweisen eigene jahrelange Erfahrungen. Als Hobbyschneiderin und Putzmacherin gilt es also «stilvoll» an die Arbeit zu gehen. So dienen alte Puppenkataloge, Modezeichnungen und Stiche ebenso als Vorlage wie alte Fotografien oder gar Faksimiledrucke alter Puppenkleider mit Schnittmusterbogen, wie auf Seite 24/25 abgebildet.

Kleider, wie hier aus reiner Seide, unterliegen einem größeren Verschleiß als beispielsweise solche aus Baumwolle. Das Bild demonstriert aber auch, was wäre, gäbe es nicht die Sammler, die sich um die Erhaltung alten Kulturgutes bemühen.

Deutsche Puppen wurden in der Regel nicht so elegant und kostbar ausstaffiert wie ihre französischen Schwestern. Oft wurden sie aus preislichen Gründen zum Verkauf nur mit einem Hemdchen oder Gazekittelchen gekleidet. Werden heute Puppen in diesem Zustand angeboten, dann ist das zwar ihr Originalzustand, man kann aber bei diesem halbnackten Zustand wohl kaum von Originalkleidung im herkömmlichen Sinn sprechen. Ein Kinderbuch von 1890 berichtet darüber, daß Puppen zwecks Einkleidung sofort zur Hausschneiderin wanderten oder der liebevollen Obhut und den fleißigen Händen einer Oma anvertraut wurden. Puppen wurden oft prächtig angezogen, und so sagt man heute noch von einem hübsch angezogenen Mädchen, es sei herausgeputzt «wie eine Puppe».

Übrigens war es in vielen Familien üblich, daß die Puppe zu Weihnachten oder zum Geburtstag der Puppenmutti neu eingekleidet wurde. Aus diesem Grund besaßen die Lieblingspuppen eine Kleidertruhe (sogen. «Trosseau»), die auch noch andere Gegenstände wie Hüte, Täschchen, Fächer odergleichen aufgenommen hat. Das Spielen sollte ja möglichst vielseitig gestaltet werden können. Aus diesem Grund brachte auch die Firma Kestner im Jahre 1910 die «Wunderpuppe» mit zwei auswechselbaren Köpfen und Perücken heraus, was Kämmer & Reinhardt sogar auf drei auswechselbare Köpfe steigerte.

Wie schon oben erwähnt, wurden französische Puppen in der Regel eleganter und wertvoller eingekleidet, was nicht nur früher, sondern auch heute dazu verführt, deutschen Puppen französische Kleider anzuziehen. Dies sollte man aber im Interesse einer originalgetreuen Sammlung nicht tun, zumal man dies den Puppen sofort ansieht. So gibt es beispielsweise den ganz typischen Kleiderschnitt für Bru- und für Jumeau-Puppen. Französische Puppenkleider wurden aus hochwertigem Material hergestellt und mit Falten und Rüschen üppig verziert. Das Oberteil war reich dekoriert, und zwar mit Einsätzen aus gezogener Spitze oder Seide, sowie mit großen oder kleinen spitzen oder runden Kragen.

Der Kopfputz ist geradezu als phantastisch zu bezeichnen: Riesenhäubchen oder Hüte mit Rüschchen, Schleifen, Federn, Blumen und Schleiern krönten das Puppenköpfchen.

Aus der einst in Seide gekleideten Puppe hat der Zahn der Zeit eine «Lumpen-Kathi» gemacht. Eine schöne Aufgabe erwartet den Sammler.

Simon & Halbig

gemarkt 79 DEP 5 wahrscheinlich Simon & Halbig ·
zartrosa getöntes Biskuitporzellan · Schulterkopf mit rosa Wangen ·
blaue Glasschlafaugen mit Strahleniris und schwarzen Haarwimpern,
sehr fein gemalte Wimpern und Augenbrauen ·
leicht geöffneter Mund mit vier Zähnchen und Betonungsbögen ·
Original-Mohairperücke, aschblond · Lederkörper mit geschnittenen
Lederfingern · 55 cm groß · Originalbekleidung

Puppenkleider selbst gemacht!
Mit dem Selbstschneidern von Puppenkleidern haben
sich nicht nur Erwachsene, sondern auch Kinder
befaßt, war doch die Verwandlung der Puppen ein
wichtiges Element. Für Mädchen war diese
liebenswerte Beschäftigung eine gute Vorbereitung
auf das praktische Leben.

*Alte gußeiserne Handkurbel-
Nähmaschine für Kinder;
voll funktionsfähig · ca. 1890 ·
15 cm breit*

*Originalschneiderpuppe,
35 cm hoch*

*Dampfbügeleisen,
4 cm lang*

Puppenmieder der 20er Jahre

«Neue Ankleidefiguren» *(Illustration um 1880)*
Bereits früher waren Zeichnungen in Modejournalen
oder Stiche Vorbild zum Selbstschneidern von
Kleidern. Für Puppenkleider orientierte man sich
an der jeweiligen Kleidermode der Kinder.

«Puppenmütterchens Nähschule»

Schnittmusterbogen 1

Zum Selbstschneidern von Puppenkleidern erschien
um 1890 das Buch «Puppenmütterchens Nähschule»
(links) mit Zeichnungen diverser Kleider
unter Beifügung des jeweiligen Schnittmusterbogens.
Sammlerinnen, die Puppenkleider jener Mode
nachschneidern möchten (bitte alten Stoff besorgen!),
wird der Kauf dieses Buches, das es in Faksimiledruck
heute wieder gibt, empfohlen.

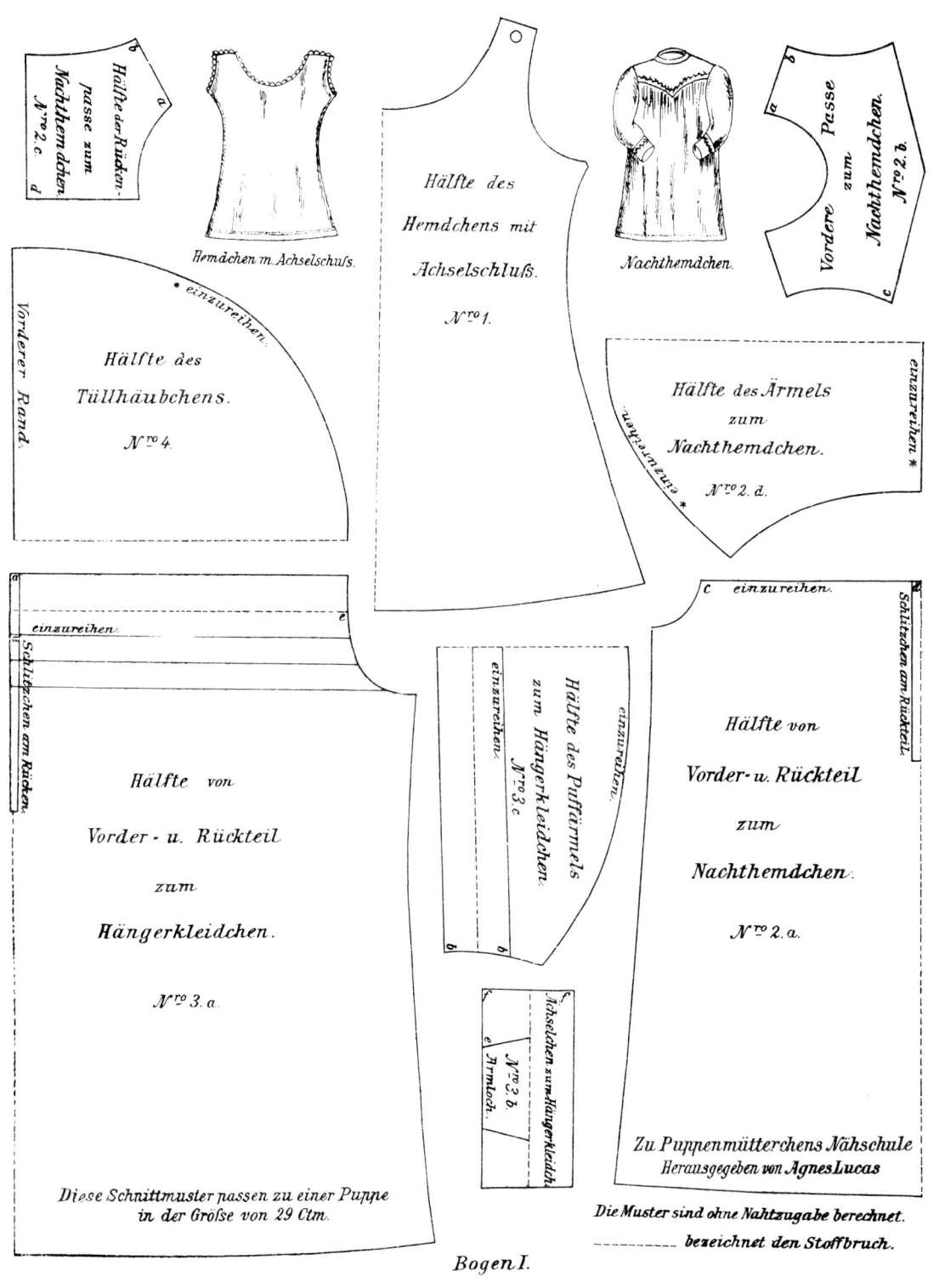

Hälfte der Rücken-passe zum Nachthemdchen. N.ro 2.c. d.

Hemdchen m. Achselschluß.

Hälfte des Hemdchens mit Achselschluß. N.ro 1.

Nachthemdchen.

Vordere zum Passe Nachthemdchen. N.ro 2. b.

Vorderer Rand.

Hälfte des Tüllhäubchens. N.ro 4.

Hälfte des Ärmels zum Nachthemdchen. N.ro 2. d.

einzureihen *

Schlitzchen am Rücken.

einzureihen

Hälfte von Vorder- u. Rückteil zum Hängerkleidchen. N.ro 3. a.

Hälfte des Puffärmels zum Hängerkleidchen. N.ro 3. c.

einzureihen

c einzureihen

Schlitzchen am Rückteil.

Hälfte von Vorder- u. Rückteil zum Nachthemdchen. N.ro 2. a.

Achselchen zum Hängerkleidch. N.ro 3. b. Armloch.

Diese Schnittmuster passen zu einer Puppe in der Größe von 29 Ctm.

Zu Puppenmütterchens Nähschule Herausgegeben von Agnes Lucas

Die Muster sind ohne Nahtzugabe berechnet.
-------- bezeichnet den Stoffbruch.

Bogen I.

Puppenhüte

Auch die Kreation von Puppenhüten hat sich an der
Hutmode der damaligen Zeit orientiert.
Schutenhüte des Spät-Biedermeier, Häubchen,
Strohhüte und Kreissägen waren sehr beliebt;
bunte Schleifen, Blumen und Spitzen waren lustiges
Dekor. Ähnlich den Kaufmannsläden gab es
elegante Hutläden zum Spielen mit einer Vielzahl
kleiner «Kunstwerke».

Vitrine mit einigen sehr schönen alten Puppenhüten,
wie in der oberen Reihe Mitte ein Original Jumeau-Hut oder
unten Mitte ein Tropenhut mit Originalhutschachtel
und Firmenaufdruck.

Oblatenbildchen zur Veranschaulichung damaliger Hutmode.

Firmenporträts einiger bekannter deutscher Puppenhersteller

Halsmarken:
Von einigen deutschen Herstellern nachfolgend eine Auswahl einiger Halsmarken, von denen es allerdings oft noch andere gab, weil sie gerne geändert wurden. Am Anfang der Firmentexte steht jeweils das Gründungsjahr, es wurde jedoch auf Angaben bezüglich Stillegungen, Schließungen usw. verzichtet.

Alt, Beck & Gottschalk, Nauendorf/Thür. · 1845 ff · Badepuppen · Porzellanpuppen · Biskuitporzellanköpfe und -puppen etc.

A. C. J. Anger, Aich bei Karlsbad/Böhmen · Nachfolger der Porzellanfabrik von Moehling · 1900 ff · Biskuitporzellanköpfe etc. Die Marke A & M wird oft mit AM (Armand Marseille) verwechselt.

Carl Bergner, Sonneberg/Thür. 1860 ff · Viele Biskuitporzellanpuppen · Babies · Mehrgesichtpuppen etc.

Cuno und Otto Dressel, Sonneberg/Thür. · 1700 ff · Viele Puppenarten · Mischmasse etc. Porzellanköpfe meistens von Simon & Halbig und Armand Marseille.

Hch 6/0H. germany

Heinrich Handwerck, Waltershausen/Thür. · 1876 ff · Gliederpuppen, Charakterpuppen und Babies etc. · Viele Biskuitporzellanköpfe von Simon & Halbig.

Max Handwerck, Waltershausen/Thür. · 1900 ff · Charakterpuppen · Gelenk-Babies etc.

Heinrich Handwerck

Diese in Waltershausen bei Gotha angesiedelte Firma entstand 1876 und widmete sich sehr früh der Herstellung von Kugelgelenkpuppen. Im Jahre 1893 erhielt sie dafür die höchste Auszeichnung auf der Weltausstellung in Chicago. Bereits 1902 wurde die Firma von Kämmer und Reinhardt unter Beibehaltung des ehemaligen Firmennamens übernommen. Zuvor waren der Firma mit dem «Bébé Cosmopolité» (1895) und dem «Bébé Reclamé» (1898) Puppen gelungen, die ihren Ruf festigten, während 1913 ein «Bébé Superior» hinzukam. Sie alle stellten nicht nur Neuheiten auf dem Puppenmarkt dar; sie waren gleichzeitig mit erheblichen technischen Verbesserungen verbunden. Während die Biskuitköpfe mit Schlafaugen, offenen Mündern mit Zähnchen und Mohairperücken ausgestattet waren, überraschten die Körper durch neuartige Kugelgelenke. Sie befanden sich an Hals, Schultern und Ellenbogen, die Handgelenke nicht zu vergessen, desgleichen in der Hüfte und an den Knien. Die Köpfe der Handwerck-Puppen stammten von der Firma Simon & Halbig. Das Signet lautete trotzdem «Handwerck's». Ab 1910 inserierte die Firma ihre neue Spezialität: Charakterpuppen mit Gelenken, die für die Firma von Münchner Künstlern nach lebenden Modellen entworfen wurden, und 1912 kommen Buben- und Mädchenpuppen, nach der Natur modelliert, in einheimischer Tracht, und fernöstlich im Kimono gewandet, hinzu.
Charakter-Babys folgen ihnen 1914. Im Jahre 1921 gelingt es dem Sohn Heinrich Handwercks, die Firma wieder in eigener Regie zu übernehmen. Die Produktion wird 1925 mit Puppen angereichert, die ihre Augen auch seitlich bewegen können: von 1927 datiert hier die erste Puppe mit Schlafaugen.

Gebrüder Heubach

Die Brüder Christoph und Philipp Heubach aus Lichte in Thüringen verfügten bereits 1820 über eine Puppenwerkstatt. Sie kombinierten Puppen, wobei sie sich Puppenkörper aus Stoff bedienten, die aus nichteigener Produktion stammten. Bereits 1840 erwarben die Heubachs eine Porzellanfabrik hinzu und begannen mit der Produktion von Porzellanköpfen und -gliedmaßen. Aber erst von 1882 an finden sich bei ihnen signierte Puppenköpfe. Aus diesem Jahr datiert die eingetragene Schutzmarke, eine «Sonne am Horizont», und 1894 werden nicht weniger als 400 Arbeiter von nunmehr drei Brüdern beschäftigt. Von 1891 an, als das Signieren der Puppenköpfe mehr oder minder obligatorisch wurde, finden sich auch bei Heubach-Puppen zuverlässige Marken. Die meisten der typischen, rosa kolorierten Köpfe aus zartem Biskuit zeigen desgleichen Modellnummern, die grün aufgedruckt wurden.
Von 1911 an gibt die inzwischen in eine Familien-AG umgewandelte Firma namhaften zeitgenössischen Künstlern den Auftrag, Charakterköpfe zu entwerfen. Berühmt sind Köpfe mit geschlossenem Mund, gemalten Augen und Haaren. Von ein und derselben Puppe gibt es oft auch zwei Versionen.
Einco nennt sich ein Puppenkind mit Kulleraugen, rundlichem Gesicht und geschlossenem Mund, das mit Karoröckchen und Wollmantel bekleidet ist. Es sollte eines der wirkungsvollsten Heubach-Puppenkinder werden. Dieser Puppenknabe mit den leicht hervorquellenden Augen, dem anmodellierten Haar, dessen Gesichtchen seltsam ausdruckslos blickt, ist heute ausgesprochen rar.
Eine andere Heubach-Puppe wurde «Pfeifer» genannt. Die Lippen sind so geschürzt, als pfiffen sie gerade. Tatsächlich konnte diese Puppe Pfeiftöne von sich geben, wenn man einen Knopf drückte.
Es gab bei der Firma Heubach auch Charakterpuppen, darunter eine mit einem eher zornigen Gesicht, und eine wirklichkeitsgetreuere Babypuppe. Seltsamerweise hat sie einen Hut auf. Da sie aus sehr zerbrechlichem Biskuit gemacht war, dürfte sie heute nur noch schwer zu erwerben sein. Durch die künstlerisch entworfenen Köp-

8192
Germany
Gebrüder Heubach

*Gebrüder Heubach, Lichte/Thür.
1820 ff · Porzellanpuppen ·
Biskuitporzellanpuppen etc.*

Heubach-Köppelsdorf
Germany

*Ernst Heubach, Köppelsdorf/Thür.
1885 ff · Biskuitporzellanköpfe ·
Puppen mit durchstochenen Nasen-
löchern · Puppen mit Schelmenaugen etc.*

*Charakterpuppe von
Kämmer & Reinhardt, ca. 1918,
gemalte graue Augen,
Sanitäter-Uniform, 40 cm groß*

*Kämmer & Reinhardt,
Waltershausen/Thür. · 1866 ff ·
Inhaber vieler Patente · bringt
Charakterpuppen und Charakter-
babies groß heraus etc.
Biskuitporzellanköpfe von
Simon & Halbig (oben zwei typische
Markenzeichen).*

fe, die in Kontrast zu einfach konstruierten Körpern standen, waren die Heubach-Puppen damals schon fast unerschwinglich. Viele Besitzer benutzten sie als soge-nannte Klavierpuppen, Puppen, die man auf dem Klavier postierte, denn zum Spie-len waren sie fast zu schön, zu zerbrechlich. Mit der Firma gleichen Namens, die statt in Lichte in Köppelsdorf beheimatet war, und deren Produkten haben die Heubachs aus Lichte nichts gemein. Während bei den Produkten von Heubach/Köppelsdorf jegliche Individualität fehlt, ist diese gerade zum Markenzeichen der Fabrikate aus Lichte geworden. Stupsnase und lächelnder Mund stehen zwar für Produkte glei-chen Namens, aber nicht gleicher Herkunft.

Kämmer und Reinhardt

Im thüringischen Waltershausen existierte von 1886 an die Puppenfabrik Kämmer und Reinhardt, die sehr bald außerordentlich florierte, weil sie es fertigbrachte, einige der international begehrtesten Puppen deutscher Herkunft herzustellen. «K & R», das war bereits ab 1895 ein begehrtes Markenzeichen im Puppengeschäft. Die Ent-würfe stammten von einem der Teilhaber selbst: Ernst Kämmer kann als der Schöp-fer und Modelleur so mancher Puppen-Beauté angesehen werden. Von Anfang an war es das Prinzip des Hauses, «keine ausgetretenen Pfade zu gehen, sondern ab-gesehen von einer erstklassigen Ware immer etwas Neues zu schaffen». Als 1901 Ernst Kämmer starb, übernahm Karl Krauser die künstlerische Leitung der Fabrik, die sich wiederum in interessanten Puppen-Exemplaren niederschlug. Innerhalb von fünfzig Jahren erwuchs aus dem relativ kleinen Betrieb ein bedeutendes Unter-nehmen, das seine Puppenköpfe von Simon & Halbig bezog, weil «diese Firma die schönsten Porzellanpuppenköpfe» anfertigte – so ein Firmendokument. Dazu kam, in Eigenproduktion, die ausgezeichnete Qualität der Puppenkörper.

Ein weiteres Ruhmesblatt des Hauses stellen die von 1909 an produzierten Charak-terpuppen dar. Das «Baby» dieser Serie genießt heute einen hohen Stellenwert, desgleichen die 1909 entstandenen «Hänsel und Gretel». Eine Zahl am Kopf gibt stets die Größe der Puppe an. Daraus läßt sich auch schließen, ob Kopf und Körper vom gleichen Hersteller kamen.

Nicht nur Körper und Kopf der Kämmer & Reinhardt-Puppen waren von sehr guter Qualität; die Firma bemühte sich auch darum, den zeitgemäßen Neuerungen Tribut zu zollen. Als es um den Bau sogenannter «Grammophones» ging, wurde einer der berühmtesten Heldentenöre der Zeit, Theodor Reichmann, nach Waltershausen ge-beten, dessen Stimme dazu ausersehen war, auf einer 12-cm-Schallplatte verewigt zu werden. Daß es zu diesen «Grammophones» zu diesem Zeitpunkt noch nicht kam, ist nur der miserablen Aufnahme-Technik zuzuschreiben, keineswegs aber dem mangelnden Wagemut der Firma.

Aber auch die verpackungstechnischen Details waren dazu angetan, den Puppen-ruf des Hauses zu mehren. Der Katalog von 1927 verzeichnet eine sehr große Aus-wahl an Puppenkindern, die sich neben den herkömmlichen Ringellöckchen auch schon mit Bubikopf präsentierten. Die meisten Charakterpuppen sind signiert und benannt. Puppe 101 war der sehr beliebte «Peter», Nr. 114 hieß «Pouty» und Nr. 126 avancierte zur verbreitetsten Charakterpuppe ihrer Art.

Die Fa. Handwerck ging von 1902–1921 in dem Unternehmen Kämmer & Rein-hardt auf. Deren süße Kinderpuppenköpfe im Verein mit dem kunstvoll gefärbten Biskuit von Simon & Halbig hat weiter entscheidend zur Anerkennung und Beliebt-heit der Puppen aus diesem Hause beigetragen und ihren Weltruf mitbegründet.

J.D. Kestner jun.

Die Firma Kestner, 1805 gegründet, hat als Fabrikant der sogenannten Kronen-puppe die weltbekannte Waltershausener Puppenindustrie begründet. Johann Da-niel Kestner, später Herzoglich Sächsischer Hofagent und Hofrat, war auch der erste Spielzeugfabrikant, der mit seiner Kollektion zur Mustermesse nach Leipzig fuhr. Seit 1840 stellte die Firma regelmäßig dort aus und 1867 wurde das Unternehmen von seinem Enkel Adolf Kestner übernommen. Von 1836 an datierte das «Junior» im

Firmenzeichen; von dieser Zeit her rühren Puppen mit Porzellanköpfchen und -gliedern her, die aus der der Firma angegliederten Porzellanfabrik in Ohrdruf stammten. Die Körper bestanden aus Lederbälgen, deren Zwickel für größtmögliche Beweglichkeit sorgten. Die Köpfe können als Charakterköpfe bezeichnet werden. Sie zeichnen sich durch Hohlwangigkeit aus und haben einen Klappmund.

Von 1860 an gibt es von dieser Firma auch ganze Biskuitpuppen. Dabei war die Firma Kestner jun. die einzige in Deutschland, die Puppen in eigener Regie herstellte oder Puppenteile zum Ganzen zusammenfügte und als Originalpuppen verkaufte. Auf den Kestner-Puppen fehlt häufig der Firmennachweis J.D.K. Dafür sind Buchstaben, die Bezeichnung «Germany» und die Ziffer der Kopfgröße angegeben. Die Firma legte sich das sogenannte «Kestner-Alphabet» zur Bezeichnung der Typen zu. Die Babypuppen dagegen tragen ausschließlich Fabrikationsnummern. Serienmäßige Babypuppen sind an ihren Vornamen erkenntlich. So stellt zum Beispiel Hilda J.D.K. eine Babypuppe mit bemalten Haaren dar. Die Orientalin aus dem Hause Kestner trägt die Nummer 243. Sie hat heute hohen Sammlerwert und wird der Orientalin von Armand Marseille bei weitem vorgezogen. Ihre mandelförmigen Augen und das flachmodellierte Gesicht hatten es nicht nur den Zeitgenossen angetan. Besonders gesucht ist heute auch die Googly-Puppe. Die Firma, die 1845 eine Belegschaft von †164 Personen zählte, so daß das Geburtshaus des Firmengründers, des Hofrats Kestner, mit dazugenommen werden mußte, brillierte nicht nur durch ihre hervorragende Herstellerqualität: ihre Puppen waren auch durch ihren vollkommenen Gesichtsausdruck berühmt.

Aus dieser Firma kamen auch die nach amerikanischen Modellen entworfenen Kewpies, die bald den Markt der Neuen Welt erobern konnten.

Armand Marseille

Der französische Name täuscht: Armand Marseille war einer der bekanntesten thüringischen Puppenhersteller, die das 19. Jahrhundert hervorgebracht hat. Als Sohn hugenottischer Eltern in Petersburg geboren und mit genügend Zeit und Geld ausgestattet, konnte er sich sein Metier in Ruhe aussuchen. Nach ausgedehnten Reisen quer durch Europa lockte ihn der wirtschaftliche Aufbruch der Sonneberger Spielwarenindustrie. Zunächst in Coburg, ging er später unmittelbar nach Sonneberg, wo er 1884 eine Spielzeugfabrik erwarb und ein Jahr darauf eine Porzellanfabrik hinzukaufte, die bislang Porzellankrüge und Pfeifenköpfe hergestellt hatte. Aber Jahre des Experimentierens gingen vorüber, ehe Armand Marseille 1890 seinen ersten Biskuitkopf der Öffentlichkeit vorstellen konnte. Dank seiner weltweiten guten Beziehungen florierte der Absatz so sehr, daß die Firma bald 550 Arbeiter umfaßte, die ausschließlich Porzellanköpfe herstellten. 1886 krönte er sein Lebenswerk mit der Fusion mit einer anderen in Köppelsdorf ansässigen Puppenfabrik: der Firma Ernst Heubach. Seit 1919 hieß die Firma dann «Vereinigte Köppelsdorfer Porzellanfabrik». Inzwischen waren die Familien Marseille und Heubach auch über das Geschäftliche hinaus zusammengewachsen: Sohn Hermann hatte Beatrix, die Tochter von Ernst Heubach, zur Frau genommen. Armand Marseille-Puppen sind fast alle mit A.M. oder dem vollen Namen gemarkt. Nur wenige wurden mit den Halsmarken anderer Hersteller versehen. Die Qualität war derart, daß seine Porzellanköpfe nicht nur in Frankreich, sondern auch in Amerika begehrt waren.

Dank der reichen Produktion sind Armand Marseille-Puppen heute verhältnismäßig leicht erhältlich und zudem auch noch relativ günstig im Preis. Daß sie attraktiver ausgefallen sind als Puppen einfacher Produktion, versteht sich von selbst. Das häufigste Modell war die Puppe «390». Sie ist wie eine Kinderbuchgestalt des 19. Jahrhunderts anzusehen mit ihrem zarten und sanft modellierten Gesicht. Kopftyp 370 mit einem Schulteransatz findet sich sowohl bei billigen wie schön gearbeiteten Körpern, die mit Leder überzogen waren und genietete, das heißt leicht bewegliche Gelenke ihr eigen nannten. Bei Armand Marseille gab es sowohl die billigsten Puppen des Marktes als auch kostbare Charakterpuppen; diese aber sind bei Marseille verhältnismäßig rar. Ein und dasselbe Porzellanköpfchen wurde oft mit den verschie-

Biskuitporzellanpuppe von Kestner. Halsmarke JDK 214, ca. 1910

K ✡ R

SIMON & HALBIG
717W

Oft benutztes Markenzeichen für Puppen von Kämmer & Reinhardt mit Köpfen von Simon & Halbig.

J.D.K.
made in
Germany
B 5

J. D. Kestner jun., Waltershausen/Thür. · 1805 ff · Großes Puppensortiment · gute Qualität von Biskuitporzellanköpfen etc.

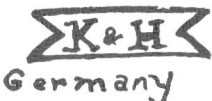

*Kley & Hahn, Ohrdruf/Thür.
1895 ff · Badepuppen · Porzellanköpfe · Biskuitporzellanköpfe ·
Charakterbabies und -puppen etc.
Schutzmarken für «Walküre»,
«Schneewittchen», «Meine Einzige»
etc.*

**Armand Marseille
Germany
390
A 11/0 M**

*Armand Marseille,
Köppelsdorf/Thür. · 1865 ff ·
Vielseitiger Puppenfabrikant ·
schöne Biskuitporzellanpuppen etc.*

**Revalo
8½**

*Gebrüder Ohlhaver, Sonneberg/Thür.
1912 ff · Kugelgelenkpuppen · Babies
mit Biskuitporzellanköpfen etc.
3 Marken: «Revalo», «My Queen
Doll» und «Bébé Princesse».*

**S 8 H
SH 1079-12
DEP
S 11 H
949
SIMON & HALBIG**

*Simon & Halbig, Grävenhain/Thür.
1870 ff · Angesehener Hersteller
von Brustblattköpfen, Biskuitporzellanpuppen und -köpfen etc.
Zulieferant vieler Puppenhersteller ·
Viele Patente · (oben 4 von vielen
typischen Marken).*

*Schoenau & Hoffmeister,
Burggrub/Oberfr. · 1901 ff · Puppen
und Biskuitporzellanköpfe etc.
Das «SH» in der Marke wird gerne
mit Simon & Halbig verwechselt;
das «PB» im Stern steht für
«Porzellanfabrik Burggrub».*

densten Körpern kombiniert. Der Prototyp, Puppe Nr. 500, ist ein Knabe mit kaum wahrnehmbarem Lächeln. Sein Kopf konnte mit div. Körpern kombiniert werden. Marseilles Puppe Typ «Bébé» legt einen Realismus an den Tag, der sich deutlich von den niedlicheren Produkten dieser Spezies unterscheidet. Als Puppenmädchen mit eingravierten Augen und süßem Lächeln machte Nr. 640 von sich reden. Baby Betty trug die Nr. 390 und wurde 1894 zum erstenmal hergestellt; es unterschied sich von anderen Puppenkindern drastisch durch seine braune Farbe, die es in die Nähe von Indianerpuppen rückte. Dabei handelt es sich bei den farbigen Babypuppen meist um gewöhnliche Schlafpuppen mit offenem oder geschlossenem Mund, die man nur mittels Farbauftrag verfremdete.

Simon & Halbig

Das Unternehmen von Simon & Halbig war in Thüringen beheimatet und ursprünglich 1869 als Porzellanmanufaktur gegründet worden. Ein Mitunternehmer, Wilhelm Simon, Teilhaber der Spielwarenfabrik Simon & Co. in Hildburghausen, die keine Puppenköpfe, aber Puppenkörper herstellte, streckte seine Hände nach der Firma Halbig aus; die enorme Nachfrage nach Spielzeugpuppen machte eine eigene Manufaktur notwendig. Simon fand sie in der Porzellanmanufaktur Halbig. So kam es zur Firma Simon & Halbig. Hergestellt wurde bei Halbig, montiert bei Simon. Von 1870 an sitzen Köpfe aus getöntem Biskuit (Halbig) auf den Stoff- oder Lederkörpern (Simon). Bereits um 1880 wird das Aussehen der Puppen realistischer, werden gemalte Haare durch Perücken ersetzt, blicken Puppen durch eingesetzte Glasaugen. Bereits jetzt setzt auch die Fabrikation für den Export ein, der selbstverständlich nach Frankreich geht mit dem kleinen Unterschied, daß ins Nachbarland nur unmarkierte Puppen geliefert werden. Die ausgezeichnete Qualität ist freilich dieselbe, dank dieser sich diese Puppen, zarter modelliert als die französischen, mit feinstem Porzellan ausgestattet, den fremden Markt sofort erobern. Die leicht betonte Taille, die Modellierung der Brust, die Mädchenhaftigkeit der Köpfe, das alles hatte es den «petit enfants» angetan. Jumeau ließ sich auch die Köpfe allein liefern. Hinzu kam, daß Simon & Halbig nach dem Zusammenschluß mit Kämmer & Reinhardt ausschließlich mit der Charakterpuppenproduktion beauftragt wurde. Jedoch sind nur wenige Puppen mit dem Markenzeichen der Hersteller Simon & Halbig erhältlich. Nicht nur aus Geschmacks-, sondern auch aus Verkaufsgründen enthielt man sich aller Experimente, was den Gesichtsausdruck der Puppen betrifft.

Um den Markt zu beleben, begann um die Jahrhundertwende die Fabrikation farbiger Puppen. Neger, Indianer, Chinesen bevölkern von dieser Zeit an das Angebot. Und auch die Herstellung von Charakterpuppen erlebt nach 1900 eine neue Blütezeit. Die Nummer 1448 bezeichnet eine Charakterpuppe von höchst gewinnendem Lächeln. Heute stellt sie eine Rarität dar. Die Schlafaugen, der geschlossene Mund machen ihren besonderen Reiz aus.

Puppe Nr. 1388 ist etwas ganz besonderes. Sie hat einen sogenannten Klappmund, modellierte Zahnreihen und einen fast erwachsen zu nennenden Gesichtsausdruck, der eigentlich nicht ins Programm paßt. Nr. 153 hat auch als Charakterpuppe noch gemalte Augen und helle Haare, die fein modelliert wurden, während Nr. 1358 schließlich ein gewinnendes Negerkind ist. Zum geschlossenen Mund, den Schlafaugen gesellen sich durchlöcherte Ohren für Ohrringlein, wie sie Negerkinder lieben.

Hersteller unbekannt

Puppen, deren Hersteller unbekannt ist, sind häufig schöner und wertvoller (s. Seite 56 ff.) als Marken-Durchschnittspuppen. Oft lassen allerdings Nummern und Buchstaben oder das Zeichen «Germany» bzw. «Made in Germany» Rückschlüsse auf die Marke zu. Letzteres vor allem nach in Kraft treten des englischen Markenartikelgesetzes vom 23. 8. 1887, das die Angabe des Ursprungslandes beim Export nach England vorschrieb. Die Zeichen «DRGM» stehen übrigens für «Deutsches Reichsgebrauchsmuster» und «dep» für «deponiert als Gebrauchs- und Geschmacksmuster».

Sortieren und Einsetzen der Augen

Puppen-Maler und -Anstreicherinnen

Puppenformerstube in Finsterbergen

Aus der Heimat der Puppen: Waltershausen

Bericht aus «Illustrirte Welt», ca. 1888, A. Trinius

An der Herstellung der Puppen arbeitet ein großer Teil der thüringer Waldbevölkerung mit. Im Süden ist es das Meininger Oberland, dessen Dörfer sich um das stattlich aufblühende Sonneberg scharen; am andern Ende des Gebirgszugs sind es die Waldnester der nördlichen Abdachung, deren Einwohner für die Puppenstadt Waltershausen die Hände regen. Sonneberg und Waltershausen teilen sich in den Ruhm, die ganze Welt mit Puppen zu versorgen. Von beiden Städten liefert Sonneberg freilich noch immer die meisten. An Güte, Wohlfeilheit und äußerer Schönheit aber gibt Waltershausen in seinen Erzeugnissen nichts nach, an Erfindungsgabe ist es sogar der ersten Stadt noch «über». Aber auch sonst deutet vieles darauf hin, daß sich hinsichtlich der ziffermäßigen Herstellung ein allmähliches Steigen durch Gründung neuer Fabriken vollzieht.

Alt und Jung, Groß und Klein, Männer und Frauen, sind dabei tätig. In den Fabriken der beiden Städte werden zumeist nur die Puppen zusammengesetzt. Die einzelnen Teile dazu strömen von allen Seiten herbei. Manches Dorf schnitzelt nur Beine oder Arme, formt Köpfe, Körper oder dreht Gelenkkugeln. Das geht vom Morgen bis in die Nacht, Haus für Haus; nach Vollendung der Schularbeiten müssen auch die Kinder wacker mit angreifen. Da gibt es Bälge auszustopfen, umzudrehen, das Dutzend oft nur für ein paar Pfennige. Aber wo eben alles hilft, da kommt denn eines zum andern und schafft zusammen. Wo ein Maler wohnt, da sieht man an den Fenstern längs des Hauses und Gartenzaunes Holzgestell neben Holzgestell mit frisch bemalten Puppenköpfen. Der eine ist Meister und Spezialist in roten Lippen und Wangengrübchen, der andere hat auf Augen und mandelförmig geschwungene Brauen «gelernt». Eine Reihe anderer Maler sind nicht weiter in der Kunst gediehen, als die Einzelglieder nur in eine dickflüssige, fleischfarbene Masse zu tauchen. Sonnabends Morgen wird dann alles auf Schiebkarren geladen und dann geht's hinab in die Stadt, abzurechnen und neue Aufträge in Empfang zu nehmen.

Vielseitiger ist dann noch die Beschäftigung des Volkes in der Stadt selbst, wo überall außer der Fabrikarbeit noch die Hausindustrie blüht. Wer da langsam durch die Gassen schlendert und durch die niedrigen gardinenlosen Fenster in die Stuben schaut, der wird eine Reihe interessanter und eigenartiger Wandelbilder in sich aufnehmen. Zu den «Künstlerinnen» zählen auch noch außer den Malern die Frauen und Mädchen, welche mit geübter Hand alljährlich den langwallenden Haaren der Puppen eine neue Form zu geben haben. Auch hier spricht die Mode ein gewichtiges Wort mit. Es ist daher natürlich, daß dann gewöhnlich diese meist hübschen Kinder an ihrem eigenen Kopfe die Mode zur Schau tragen, welche ihre Fabrik für dieses Jahr als maßgebend anerkannt hat, so daß man an den Frisuren leicht erkennen kann, welchen Geschäftsfirmen die einzelnen lebenden «Puppenköpfe» angehören. Ist die Puppe zusammengesetzt, lackiert, bemalt, frisiert, glänzt der «Täufling» voll frischem Liebreiz wie ein junger Frühlingsmorgen, dann gehts an seine Ausstattung und Verpackung. Das setzt wieder eine Reihe Hände in Bewegung. Auch hier tirtt die Hausindustrie hinzu. Die eine Familie fertigt buntschillernde Lackschuhe an, die andere näht zierliche Hemdchen; hier werden die Kartons zusammengeklebt, dort in einem Saal wird der «Täufling», mit blauen Schleifen kreuzweise umwunden, eingesargt. Karton neben Karton kommt dann in mächtige, blechgefütterte Kisten. Das gibt dem Schreiner und Klempner Nahrung. Nun tritt der Fuhrmann in seine Rechte.

Die Puppenstadt Sonneberg/Thür. Bericht aus «Illustrirte Welt», ca. 1895

Lackieren

Vorrichten und Zusammensetzen der Gelenkpuppenteile

Zuschneiden und Nähen der sogenannten Puppenbälge

Ich bin ein sehr glücklicher Mensch. Ich habe einen Sohn, der mir meine goldene «Sonntagnachmittagausgehremontoiruhr» eines Tages mit Wasser füllte und dafür von meiner kleinen, energischen Frau für einen tiefsinnigen Philosophen und den größten Experimentator nach Galilei auf dem Gebiete der Mechanik erklärt wurde. Ich habe auch einen Hund, einen liebenswürdigen Teckel, der eine unüberwindliche Abneigung gegen Briefträgerbeine besitzt und mir dadurch zu ungezählten Hosenrechnungen verhilft. – Ich habe aber auch drei Töchter, Ännchen, Lieschen, Miezchen – allerliebste Geschöpfe –, die unschuldige Puppenköpfe kaltlächelnd an Sofalehnen zerschmettern und Badebabys gemütvoll die Beine ausrenken. Als sie aber eines Sonntagvormittags frisch gewaschen und angezogen im Gänsemarsch vor mir erschienen und jede mir triumphierend einen ausgerissenen Puppenarm entgegenhielt: «Da, Papa, da!» – erfaßte mich eine namenlose Wut und ich schwur hoch und teuer, daß für mein Haus die Puppenfrage ein für allemal erledigt sei. Meine Frau mit ihrem freundlich lächelnden: «Wozu die Aufregung, lieber Mann? Kinder machen es alle so! Und ich halte eigentlich die Idee für allerliebst, es sollte eine Überraschung für Dich sein!» – goß Oel in die lodernden Flammen. Und da ich meinen Entschluß mit sehr starken Gründen und noch stärkerer Stimme verteidigte, meinte sie zuletzt spitz: »Na, gut, gut! Aber bleib auch dabei und bringe Deinen armen Kindern von Deiner Reise nichts mit – auf keinen Fall aber Puppen!» Ich lohnte sie mit einem finster drohenden Blick. Sie weinte.
Ich bin ein Mann von Wort und unbeugsamen Entschlüssen. Ich reiste ab, düster – grimmig. Was ich hinter mir ließ, war eine waffenstarrende Neutralität der Meinigen. Das letzte Wort meiner Frau war: «Also bitte, keine Puppen!» Dabei zuckte ihre Lippe schmerzlich. – «O, das ist wirklich nicht nötig . . . Ich schwöre Dir –» Meine geliebte Tyrannin schloß mir rasch den Mund, und da ich bei Abreisen etwas sentimental veranlagt bin, küßte ich gerührt die kleine Hand. An dem Entschluß war natürlich nicht zu rütteln! – Die Lokomotive schnaubte durchs lachende Thüringer Land. Neben mir im Coupé dritter Klasse saß ein dicker, also ein guter Mann. Der Schaffner kam ans Fenster: «Billets nach Sonneberg?» Mein Nachbar räusperte sich und meinte mit einem Blick auf meinen Ehering und die sorgengefurchte Stirn: «Es ist die Puppenstadt!» Ich bat um nähere Aufklärung. Es war ein Geschäftsmann, den hauptsächlich die Zahlen interessierten. Demnach war es eine Stadt in Meiningen von über 12.000 Einwohnern – Puppen- und Spielsachenexport wohl an die 15 Millionen. Und was als Nürnberger Spielwaren in alle Welt geht. – Nürnberger Tand – das ist von alters her in Sonneberg fabriziert. Die Holzwarenindustrie blühte hier schon vor dem dreißigjährigen Kriege. «Von 50 Pfennig das Dutzend an bis zur 100-Mark-Puppe können Sie hier die ganze soziale Stufenleiter der Puppenwelt durchstudieren. Und ich behaupte, es gibt auch hier einen Klassenhaß und Kastengeist. Die Groschenpuppen sehen tatsächlich gedrückter aus als die großen Damen aus der Edisonabteilung, die lange Sätze herbeten können. Voriges Jahr hab' ich mal meine Nichte mit in unser Nest genommen und die hatte keinen anderen Wunsch, als in Sonneberg zu leben und zu sterben.» – Ich erwiderte darauf sehr würdevoll, daß ein unumstößliches Hausgesetz, über dessen Heiligkeit zu wachen meine Pflicht sei, mir den Ankauf von Puppen verböte. Worauf er überlegen meinte, daß solche Hausgesetze zu demselben Zweck da wären, wie viele andere Satzungen auch: nämlich zur Übertretung. Damit entpuppte er sich als Linksliberaler, und da ich strengkonservativ

bin, wurde unsere Debatte heiß und schneidig. Der Zug pfiff. Und weil er den Grundsatz aufgestellt hatte, die Klassenordnung sei auch im Puppenstaate verwerflich, beschloß ich, ihm das Gegenteil zu beweisen. Wir stiegen aus. Das hatte aber der Eulenspiegel nur gewollt, den ich nachträglich für einen Bravo, gedungen von meiner Frau, zu halten beginne, denn zu eigentlichen Klassenstudien hatten wir gar keine Zeit. Zunächst gab er mir nur einen Überblick über die Industrie im allgemeinen. Es sei Hausindustrie, jeder habe seine besondere Spezialität, und ehe wir bis zu den großen Auslagen der Exporthändler kämen, müßten wir eine Masse Häuschen durchwandeln, um die einzelnen Phasen der Puppenfabrikation auch würdigen zu können. Zuerst führte er mich zu einem Balgmacher. Da saßen Vater und Sohn um einen ungeheuren Sägespäntopf und stopften mit affenartiger Geschwindigkeit die Bälge. Am andern Tisch leimte die Tochter die Arm- und Beinstücke an die Gliedmaßen und steppte diese dann durch. Darauf wanderten wir hinter einem Riesenkorbe voll nackter Puppenbeine und -leiber zum Nachbar «Drücker». Der fertigte die aus Papiermasse geformten, noch grauen Köpfe an und lebte in einer wahren Saharatemperatur. Mir war es daher sehr angenehm, als wir zum Studium der Glasaugen nach dem Nachbarstädtchen Lauscha hinüber mußten, welches diese Fabrikation ganz im großen betreibt und den Weltmarkt mit stehenden und Schlafaugen versorgt. – Nun werden die Köpfe bemalt, je nach Wunsch wachsiert oder als waschechter Kopf behandelt. Das geht alles windschnell. Einer pinselt den Kopf, ein zweiter schneidet mit scharfem Schnitt die wieder verklebten Augenhöhlen auf, ein dritter versieht die Lippen mit leuchtendem Rot und malt schwungvoll die Augenbrauen – alles infolge jahrelanger Übung mit wunderbarer Accuratesse und Gleichmäßigkeit. Jetzt wird dem Kopf der Skalp aufgeklebt, zu dem man das weiche Haar der Angoraziege benützt. Bei ganz feinen Wachspuppen werden die Haare aber einzeln eingestochen. Denn auch in den Köpfen herrscht große Mannigfaltigkeit. Holz, Pappe, Porzellan – glasiert oder Biskuit – Wachs sind das Material. Die besseren Sorten sind von entzückender Feinheit der Arbeit. Die kunstgemäße Bekleidung bildet den Schluß. Dutzende von Geschäften betreiben sie allein. Um vom einfachen Bürgermädchen bis zur spitzenbeladenen Dame von Welt, vom Arbeiterkinde bis zum stilvollen Kavallerielieutnant gibt es eine so fein abgetönte Skala, daß man den gleichmäßigen Puppenköpfen fast ein Bewußtsein davon ansehen möchte. «Und hier,» sagte mein Begleiter, indem er mich in ein hell erleuchtetes Magazin führte, «haben Sie alle Herrlichkeit dieses Spielzeugstaates zusammen, und ich bin der König dieses Reiches.» Er bat mich herzlich, daß ich ein Prachtexemplar von Puppendame nebst zwei einfacheren Schwestern zum Andenken an den Tag annehmen möge. «Denn Ihr Hausgesetz . . .» Ich wurde etwas rot und sperrte mich. Aber zu guter letzt kann man einem König doch nichts abschlagen. z. M.

Wachsen der Köpfe

Frisieren der Köpfe

Stopfen der Bälge

Puppen-Frisiererinnen

Charakterpuppen

Kämmer & Reinhardt
gemarkt K Stern 114 genannt «Gretchen»
ca. 1914 · Charakterpuppe der Firma
Kämmer & Reinhardt · Kugelgelenkkörper
aus Composition · Größe 24 cm

Kämmer & Reinhardt, Simon & Halbig
Charakterpuppe 117 A von
Kämmer & Reinhardt, Simon & Halbig
mit ihrer kleinen Schwester aus der
gleichen Serie

Den Terminus «Charakterpuppe» hat die Firma Kämmer & Reinhardt in Waltershausen/Thüringen im Jahre 1909 eingeführt, nachdem man dort mit Puppen der klangvollen Namen wie «Mein Liebling» («my darling») oder «Der Schelm» («the flirt») international sehr erfolgreich gewesen war. Die Idee, realistische, menschenähnliche Puppen zu schaffen, ging von einer Münchner Künstlergruppe um Marion Kaulitz aus, die im Sommer 1908 einen neuen Puppentyp vorstellte, der unter der Bezeichnung «Münchner Künstlerpuppe» Puppengeschichte machte. Die Maxime dieser Künstlergruppe war, von der schablonisierten und idealisierten Puppe wegzukommen. Wenngleich die Experten von Kämmer & Reinhardt diese Puppen als häßlich empfanden, gaben ihnen diese dennoch den alles entscheidenden Denkanstoß zur Verwirklichung eigener Ideen. So bediente man sich bald eines Berliner Künstlers, der dem Hause Kämmer & Reinhardt die von ihm geschaffene Bronzebüste eines sechs Wochen alten Kindes vorstellte. Zunächst als zu realistisch (sprich häßlich) empfunden, zögerte man, um dann dieses Modell schließlich doch als Babypuppe im Jahre 1909 herauszubringen. Es handelt sich hierbei um das legendäre sogenannte «Kaiserbaby» mit der Nummer 100 (Seite 133), das zu einem wahren Sensationserfolg wurde, den selbst Kämmer & Reinhardt zunächst nicht verstehen, aber kapazitätsmäßig schon gar nicht verkraften konnte. Die Charakterpuppe schaffte den Durchbruch, der Ansporn zu neuen Taten war ihr in die Wiege gelegt. Der gleiche Berliner Künstler modellierte kurz darauf die Erfolgspuppe Peter und Marie (Nr. 101) und der Modelleur des Hauses Kämmer & Reinhardt wurde beauftragt, am lebenden Modell des Enkels von Franz Reinhardt eine neue Puppe zu entwerfen. Das Ergebnis waren die unter der Nummer 114 im Jahre 1910 herausgebrachten Puppen Hans und Gretchen (ein und dieselbe Puppe, die sich lediglich durch Perücke und Kleidung von der anderen unterscheidet): Puppen, die geliebt und begehrt waren, was sich bis in unsere Tage fortgesetzt hat. Dies vor allem wegen ihres schön modellierten, leicht schmollenden Mundes, dem sogenannten Pouty-Mund.

Hätten all diese Puppen damals schon Schlafaugen gehabt wie später die berühmte 117 A (Seite 107) von Kämmer & Reinhardt, Simon & Halbig, wäre ihr Verkaufserfolg noch größer gewesen.

Aber auch andere deutsche Puppenhersteller hatten inzwischen die Idee aufgegriffen und mit der Produktion von Charakterpuppen begonnen. Hierzu gehörten unter anderem die Firmen Heinrich Handwerck, Gebrüder Heubach, Kestner, Armand Marseille, Kley & Hahn und Simon & Halbig. In der weiteren Entwicklung orientierten sich die Hersteller von Charakterpuppen des öfteren wieder an gewissen Schönheitsidealen, integrierten aber den Realismus in ihre Neuschöpfungen. So entstanden menschenähnliche Puppenkinder von großer Faszination. Von Simon & Halbig brilliert ganz in diesem Sinne die Nummer 1448, die auf Seite 110/111 abgebildet ist. Daß dieser überaus schönen, für Sammler fast unerschwinglichen Puppe kein großer Erfolg beschieden gewesen sein soll (angeblich wurde nur eine Versuchsreihe von einhundert Stück aufgelegt), ist ein unbegreifliches Phänomen.

Aber auch die schon oben erwähnte Nr. 117 A von Kämmer & Reinhardt / Simon & Halbig (Köpfchen von S & H) stellt den Höhepunkt deutscher Puppenkreationen dar. Kley und Hahn gab einigen ihrer Charakterpuppen sehr klangvolle Namen, wie «Walküre», «Schneewittchen» und «Meine Einzige», die auch sehr beliebt waren. «My Dream Baby» (Seite 127 und Seite 135) nannte Armand Marseille 1924 sein Charakterbaby, das mit geschlossenem Mund die Nummer 341, mit offenem Mund die Nummer 351 trug und ein großer Erfolg wurde.

In der Reihe der Charakterpuppen sind noch die lustigen «Googlies» (Seite 117) zu erwähnen. Letztere wurden von fast allen großen Firmen hergestellt und erfreuten sich damals wie heute großer Beliebtheit.

Kapitel 1

Puppen aus glasiertem Porzellan
(China head)

In der Zeit um 1845 wurde das «klassische» Porzellan zur Herstellung
von Puppen «wiederentdeckt» (Seite 15). Puppen aus diesem Material war wegen seiner Kälte (weiß) und des Glanzes kein großer Erfolg
beschieden. Viele dieser Puppen wurden im Stil des Spät-Biedermeier gekleidet und ihr modelliertes Haar oder ihre Perücke (Seite 41)
dieser Zeit angepaßt. Puppen aus glasiertem Porzellan mit Stoffkörper wurden auch «Nankingpuppen» genannt.

Biedermeierkörbchen aus Peddigrohr
mit Stoff ausgeschlagen · ca. 1860 ·

Hersteller unbekannt

ca. 1875 · Puppe aus glasiertem Porzellan (China head) ·
Brustblattkopf mit rosigen Wangen ·
blaue gemalte Augen mit rotem Lidstrich und schwarzen Augenbrauen ·
geschlossener Mund mit roter Mittellinie · durchstochene Ohren ·
schwarze modellierte Haare · Stoffkörper mit Unterarmen
und Unterschenkeln aus Porzellan · 37 cm groß · Originalkleidung ·

Drehkippspiegel aus Nußbaum
gedrechselt · ca. 1880 · Höhe 18 cm

Hersteller unbekannt

ca. 1890 · Puppe aus glasiertem Porzellan (China head) ·
Brüderchen und Schwesterchen · mit zart rosigen Wangen ·
blaue, gemalte Augen, Augenbrauen schwarz bzw. hellbraun ·
geschlossener Mund · blonde bzw. schwarze modellierte
und gemalte Haare · Körper aus altem Material neu handgefertigt,
Arme aus Porzellan · links 28 cm, rechts 25 cm groß ·
Kleidung aus altem Material ·

«Idylle im Rapsfeld»
Bronziertes Eisenbettchen · ca. 1900 · 30 x 50 cm

Hersteller unbekannt

ca. 1870 · Brustblattkopfpuppe aus sehr feinem glasiertem Porzellan
(China head) mit rosig getönten Wangen · hellblau gemalte Augen
mit rotem Lidstrich und sehr fein gemalten Augenbrauen ·
geschlossener Mund · durchstochene Ohrläppchen ·
alte handgeknüpfte Echthaarperücke · Lederkörper mit Lederarmen
und abgenähten Fingern · Größe 58 cm ·
alte Kleidung mit alten Spitzenstrümpfen und Schuhen

Kapitel 2

Badepuppen aus glasiertem Porzellan

Badepuppen kamen bereits um 1860 auf und wurden meist aus glasiertem, aber auch unglasiertem Porzellan sowohl weiß als auch hellrosa getönt hergestellt. Sie haben ein Loch im Rücken oder Hinterkopf und waren beim Baden beliebtes Spielzeug. Stämmiger Wuchs und geschlossene Fäustchen sind bei diesen in einem Stück gegossenen Puppen typisch, jedoch gibt es nicht nur stehende, sondern auch sitzende Badepüppchen. Den kleineren Typ nannte man bei den Mädchen «Gefrorene Charlotte» bzw. «Frozen Charlotte» und bei den Jungen «Gefrorener Charlie» bzw. «Frozen Charlie».

«Kapitän auf großer Fahrt!»

Hersteller unbekannt

ungemarkt · sogen. Badepuppen · Rechte Seite: blonde Puppe
ca. 1900 · modellierte und bemalte Haare · geschlossene
Fäustchen · 13 cm groß · schwarzhaarige Puppe ca. 1910 ·
gemalte Haare · offene, nach unten gerichtete Hände ·
14 cm groß · Beim Baden: Miniatur-Badepuppe
«Gefrorene Charlotte» · Alle drei Puppen rot getönte Wangen,
gemalte Augen, Augenbrauen und gemalter Mund ·

Kapitel 3

Parianpuppen

Parian ist ein weißes, aber mattes Porzellan (so benannt nach dem Parischen Marmor), das 1842 von der englischen Firma Copeland herausgebracht (Seite 15) und aus Kieselerde, Tonerde, Kalk, Natron, Bittererde etc. gebrannt wurde. Modellierte und gemalte Haare, aufmodellierter Kopfschmuck, modellierte und bemalte Hüte, Strümpfe und Schuhe spiegeln ebenso das Biedermeier wieder wie ihre Kleidung. Der Parianpuppe war nur eine kurze Blüte vergönnt, da sie vom Siegeszug der Biskuitporzellanpuppe sehr schnell verdrängt wurde.

Handgearbeitetes Biedermeier-Perlentäschchen, ca. 1880, 7 cm breit

Hersteller unbekannt

ca. 1880 · sogen. Bonnet Doll · Parianpuppe mit
Brustblattkopf · modellierter Schutenhut ım Stil des späten Biedermeier ·
gemalte Augen · Stoffkörper, Porzellanarme und -beine ·
30 cm groß · modellierte grüne Knopfstiefel mit Absätzen und
rosa gemalte Strumpfbänder ·

Kapitel 4

Biskuitporzellanpuppen im Stil des Biedermeier

Allzuoft werden Puppen als Biedermeierpuppen bezeichnet, obwohl ihre Herstellung nicht in die klassische Zeit des Biedermeier (1815–1848) fällt. Als das Biskuitporzellan (Seite 15) etwa 1860 aufkam, gehörte die klassische Epoche des Biedermeier allerdings erst zehn Jahre der Vergangenheit an. In dieser Zeit wurden aber Puppen, speziell Biskuitporzellanpuppen, hergestellt, die zumindest noch die typischen Attribute des Biedermeier (Frisur etc.) aufweisen. Insoweit scheint es in diesen Fällen sinnvoll zu sein, von «Puppen im Stil des späten Biedermeier» zu sprechen und sie bei einer Sammlersystematik auch dort einzuordnen.

Eichenbettchen mit Baldachin aus Samt und Spitzen-
vorhängen · um 1880 · 50 x 45 cm

Hersteller unbekannt

ca. 1870 · Brustblattkopfpuppe aus Biskuitporzellan
mit modellierten blonden Locken · gemalte blaue Augen
mit rotem Lidstrich und rotbraunen fein gemalten Augenbrauen ·
kleiner und geschlossener Mund mit roter Mittellinie · Stoffkörper mit
Biskuitporzellan-Unterschenkeln und -Unterarmen · 42 cm groß ·
Kleidung aus alter Seide geschneidert und alter Spitze ·

Kapitel 5

Brustblattkopfpuppen aus Biskuitporzellan

Unter Brustblattkopfpuppen, auch Schulterkopfpuppen genannt, sind
Puppen zu verstehen, bei denen Kopf, Hals und Schulter fest verbunden sind (siehe Seite 16). Biskuitporzellan ist matt, wird nach dem
ersten Brand bemalt, um dann das zweite Mal gebrannt zu werden
(siehe Seite 15).

*Kleiner blauer Pumpbrunnen, ca. 1920, mit All-bisc-Püppchen (stiff neck) · ganz aus
zart getöntem Biskuitporzellan · modellierte, blond gemalte Haare ·
braune, fein gemalte Augen und rote Bäckchen · modellierte Strümpfe und
Schuhe, die bemalt sind · Größe 14 cm*

Kuno Otto Dressel ▷

gemarkt dep D/7 · ca. 1890 · Brustblattkopf · feines,
hellrosa getöntes Biskuitporzellan · Wangen bräunlich-rosa getönt ·
Kinngrübchen · feststehende blaue Glasaugen mit Strahleniris ·
sehr fein gemalte Wimpern und Augenbrauen,
offener Mund mit Betonungsbögen · alte Echthaarperücke ·
Originalstoffkörper tailliert · Arme, Hände und
Unterschenkel aus Composition · Größe 42 cm ·
Kleidung aus altem Stoff nachgeschneidert ·

Alter Fächer · Elfenbein im Stil des
Biedermeier mit Blumen handbemalt ·
um 1875 · 15 cm

J. D. Kestner junior

gemarkt M · Made in Germany · ca. 1895 · Brustblattkopf schräg
nach rechts geneigt · sehr feines, hellrosa getöntes Biskuitporzellan ·
grau-blaue feststehende Glasaugen mit Strahleniris,
feingemalte Wimpern und kräftig betonte Augenbrauen ·
geschlossener Mund mit Betonungslinien · Kinngrübchen ·
alte Echthaarperücke · alter Lederkörper, Arme aus Composition,
6 Gelenke, Lederkörper 4 Gelenke · Größe 68 cm ·
nachgeschneidertes Kleid aus altem englischen Leinen mit alter Spitze,
altes Kinderhäubchen ·

«Schutzengel mein, laß mich Dir befohlen sein.»

Armand Marseille

gemarkt 370 AM. 5. DEP made in Germany ·
ca. 1900 · Brustblattkopf · mittelfeines
zartrosa getöntes Biskuitporzellan mit orange-rosa
getönten Wangen · dunkelblaue Strahleniris-
Schlafaugen, feingemalte Wimpern und sehr
plastisch geformte dunkelbraune Augenbrauen ·
leicht geöffneter Mund mit 4 Zähnchen oben,
Betonungsbögen · neue Mohairperücke ·
Größe 58 cm · alter Stoffkörper mit sehr fein
modellierten Porzellanarmen · altes Kleid ·

Armand Marseille

gemarkt 370 AM. 7. DEP · ca. 1900 ·
Brustblattkopf aus mittelfeinem zartrosa getönten
Biskuitporzellan mit rosig gefärbten Wangen ·
braune Glasschlafaugen · fein gemalte Wimpern
mit zart gezeichneten Augenbrauen ·
leicht geöffneter Mund mit 4 Zähnchen und
Betonungslinien · handgeknüpfte Echthaarperücke, alt, dunkelbraun · Ziegenlederkörper,
ergänzte Zelluloidarme · Größe 65 cm ·
nachgearbeitete Kleidung aus altem Material ·

Phantasiearrangement: «Ballonfahrt»
links: Alt, Beck und Gottschalk (Seite 73)
rechts: AM 370

Armand Marseille ▷

gemarkt 370 DEP A.M. · ca. 1900 · Brustblattkopf ·
feines, hellrosa getöntes Biskuitporzellan · rosige Wangen ·
graublaue Glasschlafaugen · fein gemalte Wimpern und kräftig
modellierte braune Augenbrauen · offener Mund mit 4 Zähnchen oben ·
alte Echthaarperücke · schön gearbeiteter Ziegenlederkörper,
Unterschenkel aus Stoff, schön modellierte Porzellanhände ·
Größe 48 cm · Kleid aus altem Stoff ·

Hersteller unbekannt

ca. 1885 · Schulterkopf mit modellierter Büste · sehr blasses,
feines Biskuitporzellan, Wangen kräftig orangerot getönt · hellblaue
Glasschlafaugen mit Strahleniris, zart gemalte Wimpern,
kräftig betonte und gefiederte Augenbrauen · geschlossener Mund ·
alte handgeknüpfte Original-Echthaarperücke ·
alter Stoffkörper, Arme ergänzt · Größe 62 cm · aus altem Material
nachgeschneiderte Kleidung · alte Fotobrosche ·

Hersteller unbekannt

ungemarkt · vermutlich Kestner · ca. 1890 · Brustblattkopf ·
sehr feines, helles Biskuitporzellan · Wangen kräftig rosa getönt ·
feststehende Augen mit himmelblauer Strahleniris ·
fein gemalte Wimpern und gefiederte Augenbrauen ·
geschlossener Mund · hellblonde Original-Mohairperücke · alter Lederkörper mit schön modellierten Armen und Händen
aus Biskuitporzellan · Größe 40 cm · Originalkleidung teilweise
mit alter Spitze ergänzt · Rock handgestickt · alte Stiefeletten

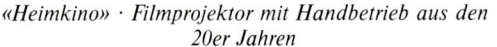

«Heimkino» · Filmprojektor mit Handbetrieb aus den
20er Jahren

Hersteller unbekannt

vermutlich Kestner · Gr. Nr. 8 · ca. 1890 · Schulterkopf ·
sehr helles fein getöntes Biskuitporzellan mit kräftig getönten Wangen ·
feststehende dunkelbraune Glasaugen, gefiederte
braune Augenbrauen, Wimpern fein gemalt · geschlossener Mund ·
alte Echthaarperücke, taillierter Ziegenlederkörper
mit sehr schön modellierten Porzellanhänden · Größe 50 cm ·
Kleidung nach altem Schnitt und altem Stoff nachgearbeitet,
Häubchen ebenfalls nachgeschneidert ·

«Kommt ein Vogerl geflogen . . .»

Hersteller unbekannt

ca. 1885 · Brustblattkopf schräg nach rechts geneigt ·
sehr feines, fast weißes Biskuitporzellan mit roten Apfelbäckchen ·
blaue feststehende Glasaugen · geschlossener Mund
mit Betonungsbögen · alte blonde Mohairperücke · Größe 55 cm ·
Kinngrübchen · aus altem Material geschneidertes Kleid ·

Hersteller unbekannt

wahrscheinlich Kestner · gemarkt 698 H 12 · ca. 1885 · Brustblattkopf
mit modellierter Büste aus sehr feinem, zartrosa getöntem
Biskuitporzellan mit zartrosa Bäckchen · feststehende dunkelbraune
Glasaugen mit sehr fein gemalten Wimpern und Augenbrauen ·
geschlossener Mund · durchstochene Ohrläppchen ·
neue kastanienfarbige Echthaarperücke · alter Lederkörper mit
Biskuitunterarmen · Größe 67 cm · Kleidung aus altem Material
nachgearbeitet ·

Hersteller unbekannt

wahrscheinlich Simon & Halbig, Gräfenhain bei Ohrdruf · ca. 1880 ·
Brustblattkopf mit modellierter Büste aus sehr feinem,
blaßrosa getöntem Biskuitporzellan und zartrosa Wangen · himmelblaue
Glasaugen mit Strahleniris und sehr fein gemalten Wimpern
und Augenbrauen · geschlossener Mund mit roter Mittellinie ·
durchstochene Ohrläppchen · Original-Mohairperücke, hellblond ·
alter Stoffkörper mit Porzellanunterarmen · Größe 40 cm ·
Originalbekleidung ·

Kapitel 6

Kurbelkopfpuppen aus Biskuitporzellan

Bei Kurbelkopfpuppen ist der Kopf drehbar (siehe Seite 17), was den
Reiz und die Vielfalt des Puppenspielens beträchtlich erhöhte.

Teddybär · genannt «Peter» ·
1920 hergestellt. Er wurde kein
Verkaufserfolg, da die Kinder sich
vor den rollenden Augen und dem
schrecklichen Gebiß fürchteten.
Größe 32 cm

Heinrich Handwerck
Simon & Halbig

gemarkt Heinrich Handwerck · Simon & Halbig · ca. 1898 ·
Kurbelkopf · sehr zartes, rosa getöntes Biskuitporzellan, leicht orange
getönte Wangen · blaue Glasschlafaugen mit Strahleniris,
sehr fein gemalte Wimpern, plastisch modellierte
und fein gezeichnete Augenbrauen · leicht geöffneter Mund
mit 4 Zähnchen oben, Betonungsbögen · durchstochene Ohrläppchen ·
alte goldblonde Mohair-Originalperücke · sehr schöner
unbespielter Composition-Körper mit 10 Gelenken ·
gemarkt, Heinrich Handwerck · Größe 47 cm · Originalkleidung ·

«Arrangement frei nach Aschenbrödel»

Max Handwerck

gemarkt Max Handwerck · ca. 1910 · Kurbelkopf aus feinem, zartrosa
getöntem Biskuitporzellan und rosigen Wangen · graublaue
Glasschlafaugen mit Strahleniris, Wimpern und Brauen fein gemalt ·
leicht geöffneter Mund mit 4 Zähnchen oben, Betonungslinien ·
alte blonde Mohairperücke · Composition-Körper mit 10 Gelenken ·
Kleidung aus altem handgesticktem Material nachgeschneidert,
Größe 65 cm · Hut neu mit alter Straußenfeder

«Stadtbesichtigung»

Alt, Beck & Gottschalk,
Nauendorf, Thüringen

gemarkt AB 1362 Made in Germany 1 1/2 · ca. 1910 ·
feines, rosa getöntes Biskuitporzellan mit rosigen Wangen · Kurbelkopf ·
graublaue Schlaf-Glasaugen, oben Haarwimpern,
sonst fein gemalte Wimpern, schön gefiederte, kräftig gemalte braune
Augenbrauen · leicht geöffneter Mund, 4 Zähnchen oben ·
durchstochene Ohrläppchen · alte Original-Mohairperücke ·
Composition-Körper mit 10 Gelenken · Größe 50 cm ·
Kleid aus altem Material geschneidert ·

Kämmer & Reinhardt

gemarkt K & R 39 · ca. 1890 · Kurbelkopf · sehr feines, leicht rosa
getöntes Biskuitporzellan mit rosigen Wangen ·
himmelblaue Glasschlafaugen mit Strahleniris, sehr fein gemalte
Wimpern und modellierte hellbraune Augenbrauen ·
leicht geöffneter Mund mit 4 Zähnchen oben · Ohren durchstochen und
sehr fein modelliert · alte blonde Echthaarperücke ·
Composition-Körper mit 10 Gelenken · Größe 39 cm · Kleidung
aus altem handgestickten Material ·

Postkutsche mit Zugpferden aus Holz · farbig bemalt ·
ca. 1900 · Bastlerarbeit

J. D. Kestner junior

gemarkt JDK 214 made in Germany · ca. 1910 · Kurbelkopf ·
sehr feines, zartrosa getöntes Biskuitporzellan mit orange-rosa Wangen ·
blaue Glas-Schlafaugen mit Strahleniris,
sehr fein gemalte Wimpern und kräftig betonte Augenbrauen ·
leicht geöffneter Mund mit 4 Zähnchen oben · neue Echthaarperücke ·
Composition-Körper mit 10 Gelenken · Größe 49 cm ·
Kinngrübchen · Kleidung aus altem Material nachgeschneidert ·

J. D. Kestner junior

gemarkt Germany B.5. · ca. 1900 · Kurbelkopf · mittelfeines,
rosa getöntes Biskuitporzellan mit bräunlich rosa getönten Wangen ·
braune Glas-Schlafaugen mit Strahleniris, Fellwimpern oben,
feingemalte Wimpern und Augenbrauen · leicht geöffneter Mund
mit 5 Zähnchen oben · handgeknüpfte alte Echthaarperücke ·
Composition-Körper mit 10 Gelenken · Größe 60 cm · Kleidung
aus altem Material nach altem Originalschnitt nachgeschneidert ·

Szene oben: «Brautwerbung» · unten: «Abschied» ·
Mädchenpuppe: Kestner s. Seite 79

Hersteller unbekannt ▷

gemarkt 0 · ca. 1905 · Kurbelkopf · mittelfeines,
rosa getöntes Biskuitporzellan mit kräftig rosa getönten Wangen ·
graue Glasschlafaugen mit Stoffwimpern,
feingemalte Wimpern oben und unten, leicht betonte Augenbrauen ·
offener Mund mit 4 Zähnchen oben · neue Mohairperücke ·
Composition-Körper mit 10 Gelenken · Größe 50 cm ·
Kleidung aus altem Stoff nach altem Originalschnitt nachgeschneidert ·
englisches Blechspielzeug mit Federzug der 20er Jahre

Schäfchen auf Rädern · aus echtem Fell ·
Pappmachékopf mit Glasaugen · wahrscheinlich
Gebr. Bing · Nürnberg · 1870 · Höhe 35 cm

Armand Marseille

gemarkt 1894 AM 10 DEP · ca. 1894 · Kurbelkopf ·
sehr helles, feines Biskuitporzellan mit zart übertönten Wangen ·
leuchtend blaue Strahleniris-Augen mit sehr
fein gemalten Wimpern · stark betonte dunkelbraune Augenbrauen ·
geöffneter Mund mit 5 Zähnchen oben · handgeknüpfte Original-
Echthaarperücke · Original-Composition-Gliederkörper, 8 Gelenke mit
überlangen Oberschenkeln, Unterarme und Hände in einem Stück ·
Größe 65 cm · alte Kleidung, Hut alt ·

Bissiger Hund mit Ledermaulkorb · Körper mit echtem
Fell bezogen · Höhe 28 cm · mittlere Puppe s. Seite 57,
rechte Puppe s. Seite 88

Armand Marseille ▷

gemarkt 1894 DEP · ca. 1895 · Kurbelkopf · zartrosa Biskuitporzellan,
Wangen etwas kräftiger getönt, Kinngrübchen · graue Strahleniris-Augen
mit schwarzer Umrandung, feingemalte Wimpern,
kurze hellbraune Augenbrauen · offener Mund, zartrosa, drei Zähnchen,
ein Zähnchen fehlt · handgeknüpfte alte Echthaarperücke ·
schmaler Composition-Körper mit überlangen geraden Oberschenkeln ·
Größe 50 cm · Kleidung aus altem Stoff mit Häkelspitze,
Gürtel aus alter Perlenstickerei ·

*Phantasiearrangement: «Im Land der Tulpen und
Windmühlen»*

Armand Marseille

gemarkt A M 1894 3 DEP made in Germany · mittelfeines, sehr
blasses Biskuitporzellan, Kurbelkopf · schwarze feststehende Augen ·
leicht geöffneter Mund mit 4 Zähnchen oben ·
alte handgeknüpfte Echthaarperücke · Französischer Composition-
Steifgelenkkörper mit 8 Gelenken · Größe 45 cm ·
Kleidung original, Ärmel der Bluse mit alter Spitze ausgebessert ·

«Magische Bilderschau» mit Rundscheiben der
Laterna magica ca. 1880, Ernst Plank, Nürnberg

Armand Marseille

gemarkt 390 A.2 M made in Germany · ca. 1900 · Kurbelkopf ·
sehr feines, helles Biskuitporzellan, rosige Wangen ·
rehbraune Glasschlafaugen, feingezeichnete Wimpern, modellierte, fein
schattierte Augenbrauen · leicht geöffneter Mund, 4 Zähnchen oben,
Betonungsbögen · Kinngrübchen · alte Echthaarperücke ·
Composition-Körper mit 10 Gelenken · Größe 43 cm ·
Kleidung aus altem Material geschneidert ·

«Spinnrädchen, spinn!»

Armand Marseille

gemarkt Armand Marseille Germany 390 · ca. 1902 · Kurbelkopf ·
feines, sehr helles Biskuitporzellan · rosige Wangen ·
blaue Glasschlafaugen mit Haarwimpern oben · außerdem Wimpern
oben und unten sowie Augenbrauen fein gemalt ·
offener Mund mit 4 Zähnchen oben · alte Mohairperücke ·
Größe 32 cm · Kleidung aus altem Material ·

«Freizeitträumerei»

Hängematte · alt · Länge 40 cm

Armand Marseille

gemarkt 1894 AM DEP made in Germany · ca. 1895 · Kurbelkopf ·
feines, hellrosa Porzellan mit stärker getönten Bäckchen ·
Kinngrübchen · dunkelbraune Glasschlafaugen · feingezeichnete
Wimpern und Augenbrauen · leicht geöffneter Mund ·
4 Zähnchen oben · Original-Mohairperücke · Composition-Körper
mit 8 Gelenken · Arme und Hände in einem Stück ·
Größe 35 cm · Kleidung aus altem Material ·
Puppe auf weiß-blau bemaltem Pferdcnen (ungarisch): DEP-Jumeau aus
PuppenAlbum 2

Zwei Puppenschirmchen · schwarz aus
Seide mit Messingknauf und
blümchenbedruckt aus Baumwolle ·
um 1900 · 20 cm und 25 cm lang

Anger, A. C. J.
(Nachf. von Moehling, Aich)

(Österreichische Puppe, siehe hierzu Anmerkung auf Seite 6)
gemarkt 15 A & M · Made in Austria · ca. 1904 · Kurbelkopf
aus feinem, zartrosa getöntem Biskuitporzellan mit rosigen Wangen ·
feststehende kobaltblaue Glasaugen mit Strahleniris ·
leicht geöffneter Mund mit Betonungsbögen, 4 Zähnchen oben ·
alte Echthaarperücke · Composition-Körper mit 10 Gelenken ·
Größe 80 cm · altes Kinderkleid ·

Phantasiearrangement: «Eine Seefahrt die ist lustig...»
Mitte: AM 390, Seite 91
rechts: DEP-Jumeau aus PuppenAlbum 2

$\mathcal{G}ebr\ddot{u}der\ \mathcal{O}hlhaver$ ▷

gemarkt Revalo 8 1/2 made in Germany, hergestellt von der
Fa. Gebr. Ohlhaver, Sonneberg · ca. 1915 · Kurbelkopf aus feinem,
hellrosa getöntem Biskuitporzellan mit kräftig rosa getönten Wangen ·
hellblaue Augen mit schwarzen Wimpern,
fein gemalte Wimpern unten, leicht geschwungene Augenbrauen ·
leicht geöffneter Mund mit 4 Zähnen oben ·
alte Echthaarperücke · Composition-Körper mit 10 Gelenken ·
Größe 55 cm · altes Kleid ·

«Roß und Reiter – immer weiter, immer weiter!»

Indische Pferde · handgeschnitzt und gefaßt ·
19. Jahrhundert

Schoenau & Hoffmeister

gemarkt S (Stern PB) H · 1906 · Kurbelkopf
aus feinem, zartrosa getönten Biskuitporzellan mit rosigen Wangen ·
graublaue Glasschlafaugen mit Strahleniris, Haarwimpern oben,
feingemalte Wimpern oben und unten und fein gemalte
hellbraune Augenbrauen · leicht geöffneter Mund mit 4 Zähnchen oben,
Betonungsbögen · Kastanienbraune Original-Mohairperücke ·
Composition-Körper mit 10 Gelenken · Größe 70 cm ·
Kleidung aus altem Material nachgeschneidert ·

«Blumen läuten den Sonntag ein»

Simon & Halbig

gemarkt SH 1079 / 12 DEP · 1892 · Kurbelkopf ·
sehr feines zartrosa getöntes Biskuitporzellan · Glas-Schlafaugen
mit dunkelblauer Umrandung und blauer Strahleniris ·
sehr feingemalte Wimpern · kräftig gezeichnete mittelbraune Brauen ·
offener Mund mit 4 Zähnen oben, Betonungsbögen ·
sehr schöne modellierte Ohren mit durchstochenen Ohrläppchen ·
neue Echthaarperücke · Composition-Körper mit 10 Gelenken ·
Größe 60 cm · aus altem Material nachgeschneiderte Kleidung ·

Phantasiearrangement: «Fliegen wie ein Schmetterling»

Simon & Halbig

gemarkt S & H 3 1/2 · ca. 1905 · Kurbelkopf aus feinem Biskuitporzellan
mit kräftig getönten Wangen · hellblaue Glasschlafaugen ·
offener Mund mit 4 Zähnchen · durchstochene Ohrläppchen ·
Echthaarperücke · Composition-Körper mit 10 Gelenken ·
31 cm groß · nachgeschneidertes Kleid ·

«Ferien auf dem Lande»

Hahn, alte Handarbeit aus farbigem Filz, Höhe 18 cm
Puppe rechts: Kämmer & Reinhardt Seite 75

Simon & Halbig ▷

gemarkt 1078 Simon & Halbig 6 1/2 Germany · ca. 1900 · Kurbelkopf ·
sehr feines, zartrosa getöntes Biskuitporzellan mit rosigen Wangen ·
braune Glasschlafaugen mit Strahleniris,
fein gemalte Wimpern am unteren Lidrand, Haarwimpern oben ·
modellierte braune Augenbrauen · geöffneter Mund
mit 4 Zähnchen oben, Betonungslinien · durchstochene Ohrläppchen ·
alte Echthaarperücke, hellblond · Composition-Körper
mit 10 Gelenken · Größe 46 cm · Kleidung nachgeschneidert ·

Kapitel 7

Charakterpuppen aus Biskuitporzellan

Vielleicht war man sich der Puppen-«Schönlinge» ein wenig über-
drüssig, als man im ersten Jahrzehnt des 20. Jahrhunderts begann,
die realistische Puppe, die Charakterpuppe, zu konzipieren. Mit großem Erfolg kamen schön-«häßliche» Puppen auf den Markt, wie das
sogenannte Kaiserbaby (Seite 133), denen dann – für heutige
Sammlerherzen zauberhaft schöne – Charakterpuppen folgten (Seite 107/111), die eine so menschlich-realistische Ausdruckskraft besitzen, daß man sie auf den ersten Blick für lebende Kinder halten
könnte.

Puppensofa aus Korbgeflecht · 35 cm breit · ca. 1915

Kämmer & Reinhardt
Simon & Halbig

gemarkt Nr. 117 A, 54 · Kurbelkopf · sehr feines, zartrosa getöntes
Biskuitporzellan mit rosigen Wangen · graublaue Glasschlafaugen mit
Strahleniris, fein gemalte Wimpern und Augenbrauen ·
geschlossener Mund · Original-Mohairperücke hellblond mit Kränzchen ·
Composition-Körper mit 10 Gelenken · 28 cm und 54 cm groß ·
alte Originalkleidung ·

Kämmer & Reinhardt
Simon & Halbig

gemarkt K (Stern) R Simon & Halbig 117 N Germany 80 · ca. 1920 ·
Charakterpuppe · Kurbelkopf · sehr feines, helles Biskuitporzellan
mit bräunlich roten Apfelbäckchen · Kinngrübchen · graublaue
Glasschlafaugen (flirting eyes) mit fein gemalten Wimpern
und gefiederten hellbraunen Augenbrauen · offener Mund mit
4 Zähnchen oben · Original-Mohairperücke, mittelblond ·
Composition-Körper mit 10 Gelenken und Gummihänden ·
Größe 80 cm · altes Kinderkleidchen mit Spitzenkragen ·

Die 1448 von Simon & Halbig ist die Starpuppe der
Puppenkollektion dieses Buches. Sie gehört zu den absolut
schönsten, seltensten und begehrtesten Puppen
deutscher Hersteller. Ihr Gesicht ist in Realismus, Liebreiz und
Anmut mit dem eines lebenden Kindes verwechselbar.

Simon & Halbig

gemarkt 1448 Simon & Halbig, S & H · ca. 1905 · Kurbelkopf ·
äußerst seltene und gesuchte Charakterpuppe ·
sehr feines, zartrosa getöntes Biskuitporzellan mit rosigen Wangen ·
braune Glasschlafaugen mit Strahleniris, feingemalte Wimpern
und hellbraune Augenbrauen · geschlossener Mund
mit betonter Mittellinie · durchstochene Ohrläppchen · Original-
Mohairperücke · Composition-Körper mit 10 Gelenken ·
50 cm groß · alte Kleidung mit Spitzenstrümpfen und Lederstiefeln ·

J. D. Kestner junior

gemarkt 182 · Charakterpuppe · Kurbelkopf ·
feines, helles, zartrosa getöntes Biskuitporzellan mit kräftig
rosa getönten Wangen · gemalte blaue Augen ·
Wimpern und Augenbrauen zart angedeutet · brauner Lidstrich ·
geschlossener Mund · hellblonde Mohairperücke ·
Composition-Körper mit 10 Gelenken · 40 cm groß · Kleid aus
altem Material nachgeschneidert ·

Gebrüder Heubach

gemarkt 6/0 · ca. 1910 · Charakterpuppe · Kurbelkopf · feines, zartrosa
getöntes Biskuitporzellan mit rosigen Wangen · gemalte Augen,
brauner Lidstrich und braune Augenbrauen ·
geschlossener Schmollmund · modellierte blonde Haare ·
Composition-Toddlerkörper mit 10 Gelenken · 32 cm groß · Kleidung
aus altem Material und nach Originalschnitt nachgeschneidert ·

Armand Marseille

gemarkt Germany 323 M 2/0 M · 1915 · Googly ·
Kurbelkopf · feines zartrosa getöntes Biskuitporzellan
mit rosigen Wangen · braune Glasschlafaugen,
kräftig gemalte Wimpern und sehr feine Augenbrauen ·
geschlossener Mund · alte handgeknüpfte Echthaarperücke · Composition-Babykörper mit 4 Gelenken ·
32 cm groß · altes Baumwollkleidchen ·

Armand Marseille ▷

gemarkt 323 A. 6/0 made in Germany · Googly ·
Kinngrübchen · ca. 1918 · Kurbelkopf · feines
zartrosa getöntes Biskuitporzellan mit rosa Wangen ·
große blaue Glasschlafaugen mit Strahleniris,
Schelmenaugen, feingemalte Wimpern,
leicht angedeutete hellbraune Brauen ·
geschlossener Mund, verschmitztes Lächeln ·
blonde Original-Mohairperücke · Composition-Körper
mit kleinem Bäuchlein und 6 Gelenken ·
23 cm groß · altes Kleid und
alte Unterwäsche ·

Hersteller unbekannt ▷ ▷

ca. 1915 · Googly · Kurbelkopf · feines
sehr helles Biskuitporzellan mit rosa Wangen ·
Schlafaugen, dunkelbraun mit feingemalten Wimpern und
Augenbrauen · geschlossener Mund, lächelt schelmisch ·
Original-Mohairperücke · All-Biskuitkörper
mit 4 Gelenken, Strümpfe und Schuhe gemalt ·
18 cm groß · altes Samtmäntelchen · Googlies wurden
von vielen Puppenfirmen hergestellt. Ihre lustigen,
großen Augen wurden Schelmenaugen genannt.
Dieser neue Puppentyp wurde von den Kindern
begeistert aufgenommen.

Kapitel 8

Orientalen und Exoten aus Biskuitporzellan

Puppen anderer Hautfarbe und ferner Länder erlangten bei groß und klein enorme Beliebtheit. Hierzu gehören Burmesinnen, Japanerinnen, Negerlein, Indianer etc. Die Qualität war sehr unterschiedlich.

Kämmer & Reinhardt
Simon & Halbig

gemarkt K (Stern) R Simon & Halbig 126 · Negerbaby · ca. 1915 ·
Kurbelkopf · feines dunkelbraun getöntes Biskuitporzellan ·
dunkelbraune Glasschlafaugen · zarte Bemalung der Wimpern und
Augenbrauen · offener Mund mit 2 Zähnchen oben ·
alte schwarze Original-Mohairperücke ·
brauner Composition-Babykörper mit 4 Gelenken ·

König & Wernicke

gemarkt 98/4 made in Germany · ca. 1910 · Negermädchen ·
Kurbelkopf, fast schwarz getöntes feines Biskuitporzellan ·
goldbraune Glasschlafaugen mit Strahleniris, feingemalte Wimpern und
schwarze Brauen · geöffneter Mund mit zwei Zähnchen oben ·
durchstochene Ohrläppchen · handgeknüpfte alte Echthaarperücke ·
Composition-Körper mit 10 Gelenken, braungetönt · 42 cm groß ·

«Auf Reisen: Im Land der aufgehenden Sonne»

Kleine Puppe links: Simon & Halbig Seite 125

J. D. Kestner junior ▷

gemarkt 164, Germany, 38 Orientalin · ca. 1900 · Kurbelbrustkopf ·
gelblich getöntes feines Biskuitporzellan, leicht rosige Wangen ·
braune Glasschlafaugen, zart gemalte Wimpern, gefiederte Brauen ·
geöffneter Mund mit 4 Zähnchen · schwarze Original-Mohairperücke ·
taillierter Lederkörper mit Porzellanunterarmen · 50 cm groß ·
Original-Seidenkleid ·

*Altes gedrechseltes
Holzstühlchen mit
Goldbronze und Blümchen
bemalt und mit Seide
gepolstert*

Simon & Halbig ▷

gemarkt Simon & Halbig 1329, 2, Orientalin, Made in Germany ·
ca. 1900 · Kurbelkopf · gelblich getöntes feines Biskuitporzellan mit
rosigen Wangen · dunkelbraune Glasschlafaugen, fein gemalte Wimpern
und modellierte Brauen · leicht geöffneter Mund mit 4 Zähnchen ·
durchstochene Ohrläppchen · schwarze Original-Mohairperücke ·
gelblich getönter Composition-Gliederkörper mit 10 Gelenken ·
30 cm groß · Original-Seidenkleid ·

Armand Marseille

gemarkt A.M. Germany 341/3 · «My Dream Baby» als Neger · 1923 ·
Einbindekopf (auch Ringhalskopf genannt) · feines dunkelbraun
getöntes Biskuitporzellan mit schwarz-getöntem Haarboden ·
kleine dunkelbraune Glasschlafaugen · zarte Bemalung der Wimpern
und Augenbrauen · geschlossener ziegelroter Mund ·
brauner Stoff-Babykörper mit Mamastimme und Pappmachéhänden ·
30 cm groß · altes Kleidchen ·

Kapitel 9

Charakter-Babies aus Biskuitporzellan

Babies kamen etwa ab 1875 auf und waren für Kinder so recht geeignet, sich als Puppenmütter zu betätigen. Die Skala der Babies reicht
von «Schön- häßlich » bis «Zum Anbeißen süß»! Der große Erfolg von
Charakterbabies stellte sich jedoch erst ein, als dieser Puppentyp
bewegliche Schlafaugen erhielt (ca. 1914).

Heubach Köppelsdorf

gemarkt Heubach Köppelsdorf Nr. 342.3 Germany II · zartrosa getöntes
Biskuitporzellan mit kräftig orangerosa gefärbten Wangen ·
graublaue Glasschlafaugen mit fein gemalten Wimpern
und Augenbrauen · geöffneter Mund mit zwei großen Zähnen oben ·
handgeknüpfte Original-Mohairperücke, hellblond ·
Composition-Babykörper mit 4 Gelenken · Größe 47 cm ·
Kleidchen nachgeschneidert ·

Kämmer & Reinhardt
Simon & Halbig

gemarkt K & R Simon & Halbig 122 · 1920 · Kurbelkopf ·
feines, zartrosa getöntes Biskuitporzellan mit rosigen Wangen ·
rehbraune Glasschlafaugen mit fein gezeichneten Wimpern
und Augenbrauen · leicht geöffneter Mund mit zwei Zähnchen oben ·
handgeknüpfte Echthaarperücke · Babykörper mit 4 Gelenken ·
Größe 31 cm · aus altem Material nachgeschneiderte
und gehäkelte Kleidung ·

Kämmer & Reinhardt ▷

gemarkt 36 K & R 100 · Charakterbaby · sogenanntes Kaiserbaby ·
1909 · Kurbelkopf · feines, zart getöntes Biskuitporzellan ·
gemalte blaue Augen · gemalter Haarboden ·
offen-geschlossener Mund · Composition-Babykörper mit 4 Gelenken ·
Größe 36 cm · altes Kleidchen ·

Otto Reinecke ▷▷

△ gemarkt P.M. 914,5 · Charakterpuppe · ca. 1905 · Kurbelkopf ·
sehr feines, helles Biskuitporzellan mit rosigen Wangen ·
hellgraue Glasschlafaugen, feingemalte Wimpern und geschwungene
Brauen · geöffneter Mund, 1 Zähnchen oben fehlt · modellierte Zunge ·
neue Echthaarperücke · Composition-Stehbabykörper
mit 4 Gelenken · 36 cm groß · alte Kleidung ·

«Ausfahrt im Stadtpark»

*Puppenwagen aus Peddigrohr mit Verdeck · graublau
lackiert · Eisenräder · 1890
am Puppenwagen stehend: DEP-Jumeau aus PuppenAlbum 2*

Armand Marseille ▷

gemarkt AM 341 · ca. 1923 · «My Dream Baby» · Kurbelkopf ·
zartrosa getöntes Biskuitporzellan · blaue Schlafaugen mit fein gemalten
Wimpern und angedeuteten Augenbrauen · geschlossener Mund ·
modellierte und gemalte Haare · Babykörper aus Composition ·
Größe 45 cm · nachgearbeitete Babykleidung ·

«Spielgefährte»

*Plüschhund mit Glasaugen in
lustiger Tracht · 35 cm groß ·
ca. 1920*

Kämmer & Reinhardt

gemarkt K (Stern) R 126 Germany 42 · Charakterbaby · ca. 1920 ·
Kurbelkopf · Kinngrübchen · zartrosa getöntes, feines Biskuitporzellan mit
roten Apfelbäckchen · goldbraune Glasschlafaugen mit Strahleniris,
feingemalte Wimpern und Augenbrauen ·
geöffneter Mund mit 2 Zähnchen oben · neue Echthaarperücke ·
Composition-Babykörper mit 4 Gelenken · Größe 42 cm ·
Kleidung aus altem Material nachgeschneidert ·

*Ob lachen oder weinen – für die Mehrgesichterpuppe
ist das kein Problem, so daß die spielenden Kinder
mit ihrer Puppe Stimmungen nachvollziehen konnten.
Bei der Dreigesichterpuppe von Bergner kam die
Schlafvariante noch hinzu. Zur Betätigung ragt aus
dem Kopf das Ende eines Rundholzes heraus, mit
dem man den Kopf drehen kann.*

Carl Bergner

gemarkt C.B. · Drei-Gesichter-Puppe: lachen, weinen, schlafen ·
Kurbelkopf · sehr feines Biskuitporzellan mit fein gemalten Wimpern
und aufmodellierten Tränen · braune feststehende Augen ·
geschlossener Mund · Kopf-Ummantelung aus Pappmaché mit
Mohairlöckchen · Stoffkörper mit Composition-Gliedern ·
Größe 28 cm · Kleid und Häubchen original ·

Kapitel 10

Mechanische Puppen, Halbautomaten, Automaten

Dem Spieltrieb der Kinder trugen die Puppenhersteller auch dadurch Rechnung, daß sie mechanische Puppen in vielfältigster Ausführung konzipierten. Da gab es laufende, trinkende, sprechende und Musik machende Puppen und viele andere Varianten. Zur Bewältigung des technischen Apparates und des Aufzugmechanismus bedienten sich die Puppenhersteller sehr oft anderer Zulieferer.

*Pendelfigur aus Eisen, teilweise
bemalt, ca. 1890*

Gebrüder Heubach

ca. 1900 · Halbautomat · Beim Drehen der Kurbel
schlägt die Puppe die Hände zusammen, so daß die Schellen erklingen;
über eine Spieldose ertönt eine Melodie ·
Biskuitporzellankopf mit modellierten blond gemalten Haaren ·
gemalte braune Augen, offen-geschlossener Mund mit 2 modellierten
Zähnchen unten · 21 cm groß · Originalkleid

Puppenstubenpuppen aus Biskuitporzellan

Dieser Puppentyp war wegen der Größe der Puppenhäuser und Puppenstuben von Haus aus klein dimensioniert. Aus diesem Grund ist in den meisten Fällen die Bemalung nicht so präzise ausgeführt wie bei ihren großen Schwestern. Dennoch war auch diese Puppe ein ganz wichtiges Element in der Angebotsskala der Puppenhersteller.

«Puppenstuben-Arrangement» von vier ungemarkten Biskuitporzellan-puppen, teils all-bisc-dolls, mit modellierten und gemalten Haaren, Schuhen und Strümpfen.

Hersteller unbekannt ▷▷

ungemarkt · Grödnerpuppe aus dem Grödner Tal/Südtirol · ca. 1880 · bemerkenswert die bei Grödnerpuppen sehr seltene Kombination von Holzkörper mit Biskuitporzellankopf · Augen, Augenbrauen, Mund und Bäckchen sind schlicht bemalt · rustikal geschnitzter Holzkörper, bei dem die vier Glieder und der Kopf mit Draht verbunden sind · Beine bemalt · Größe 12 cm · bemalter eiserner Schaukelstuhl 15 cm hoch ·

Simon & Halbig

gemarkt S & H 1160/0 · ca. 1900 · Brustblattkopf · mittelfeines
Biskuitporzellan · Wangen rosa · feststehende braune Glasaugen ·
fein gemalte Wimpern und Augenbrauen · geschlossener Mund ·
alte Mohairperücke mit Korkenzieherlöckchen ·
Lederkörper mit Biskuitunterarmen · Größe 29 cm · Kleidung
aus altem Material im Stil der Zeit nachgeschneidert ·

Kapitel 12

Puppenhäuser

Die Existenz von Puppenhäusern läßt sich bis ins antike Griechenland und die Zeit der alten Römer zurückverfolgen. Aus deutschen Landen ist ein Puppenhaus von 1558 belegt, das Albrecht V. aus Bayern für seine Tochter erworben haben soll. Puppenhäuser des 19. Jahrhunderts waren oft kleine architektonische Kunstwerke, was insbesonders für solche deutscher, holländischer, französischer, englischer und italienischer Herkunft zutrifft. Die Zimmer waren mit kunstvoll gearbeiteten Miniaturmöbeln ausgestattet. Der vornehm eingerichtete Salon mit Seidentapete, Kamin etc. war ebenso üblich wie komplett eingerichtete Schlafzimmer, Küchen usw.

Englisches Puppenhaus · ca. 1920 · 65 x 30 cm ·

Kapitel 13

Halbpuppen und Nippespuppen

Von ihren Teewärmern oder Nadelkissen befreit, sind die zierlichen Halbpuppen (half-dolls) inzwischen zu einem beliebten Sammlerobjekt avanciert. Es gibt sie in glasiertem Porzellan ebenso wie in Biskuitporzellan, was auch für Nippespuppen allgemein zutrifft.

Aktpüppchen · ungemarkt · ca. 1920 · sehr zart getöntes Biskuitporzellan ·
Haare und Haarschleife modelliert und bemalt · Größe 13 cm ·
rotes Plüschsofa 16 x 27 cm ·

Puppenstuben-Möbel mit Biskuitporzellanpuppe als Blumenmädchen ·
rechte Seite oben: vier Halbpuppen und zwei Nippes-Puppen aus Biskuitporzellan
der 20er Jahre
rechte Seite unten: Halbpuppen aus glasiertem Porzellan (China head) ·
Größe von 4 cm bis 12 cm ·

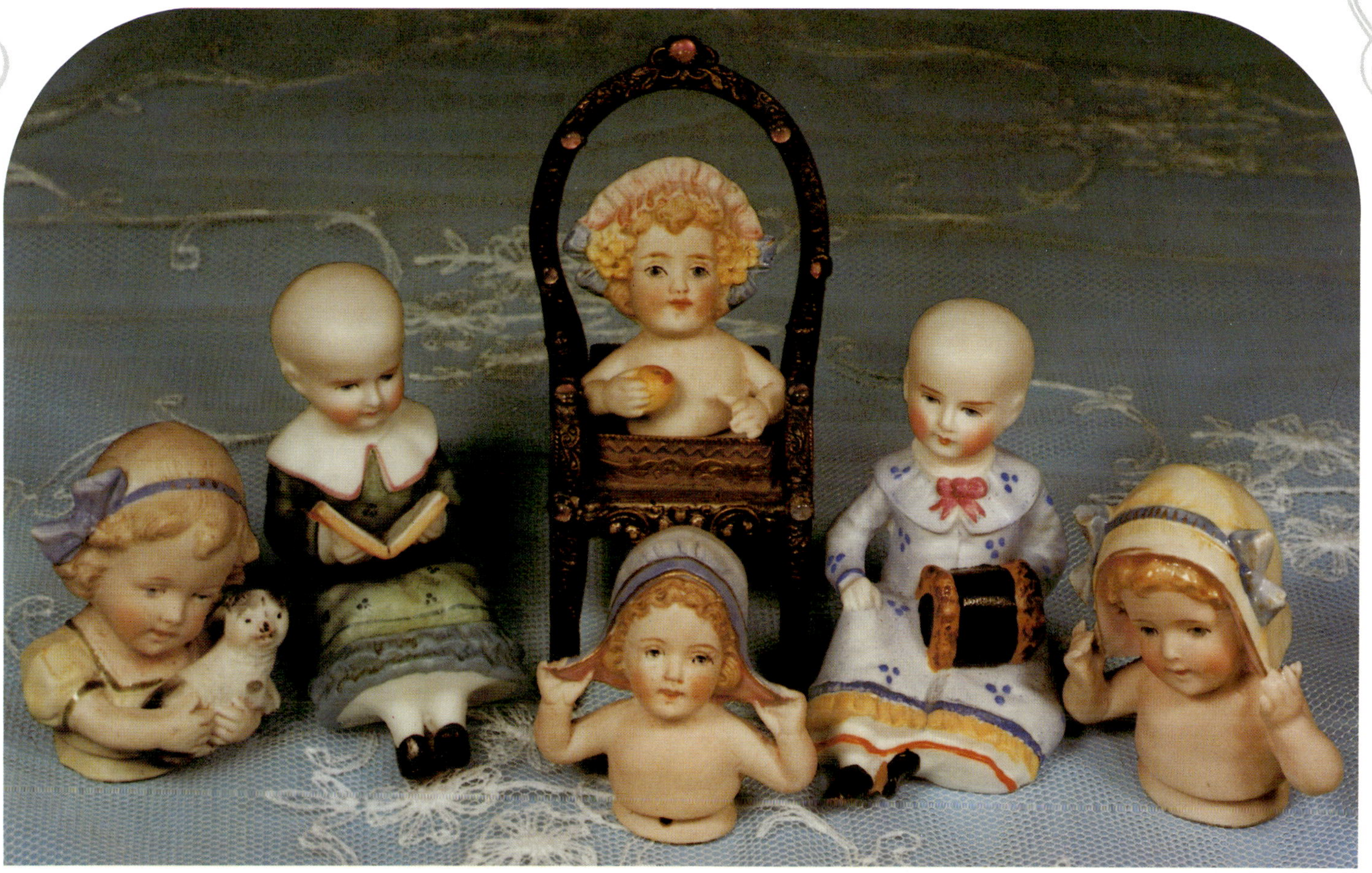

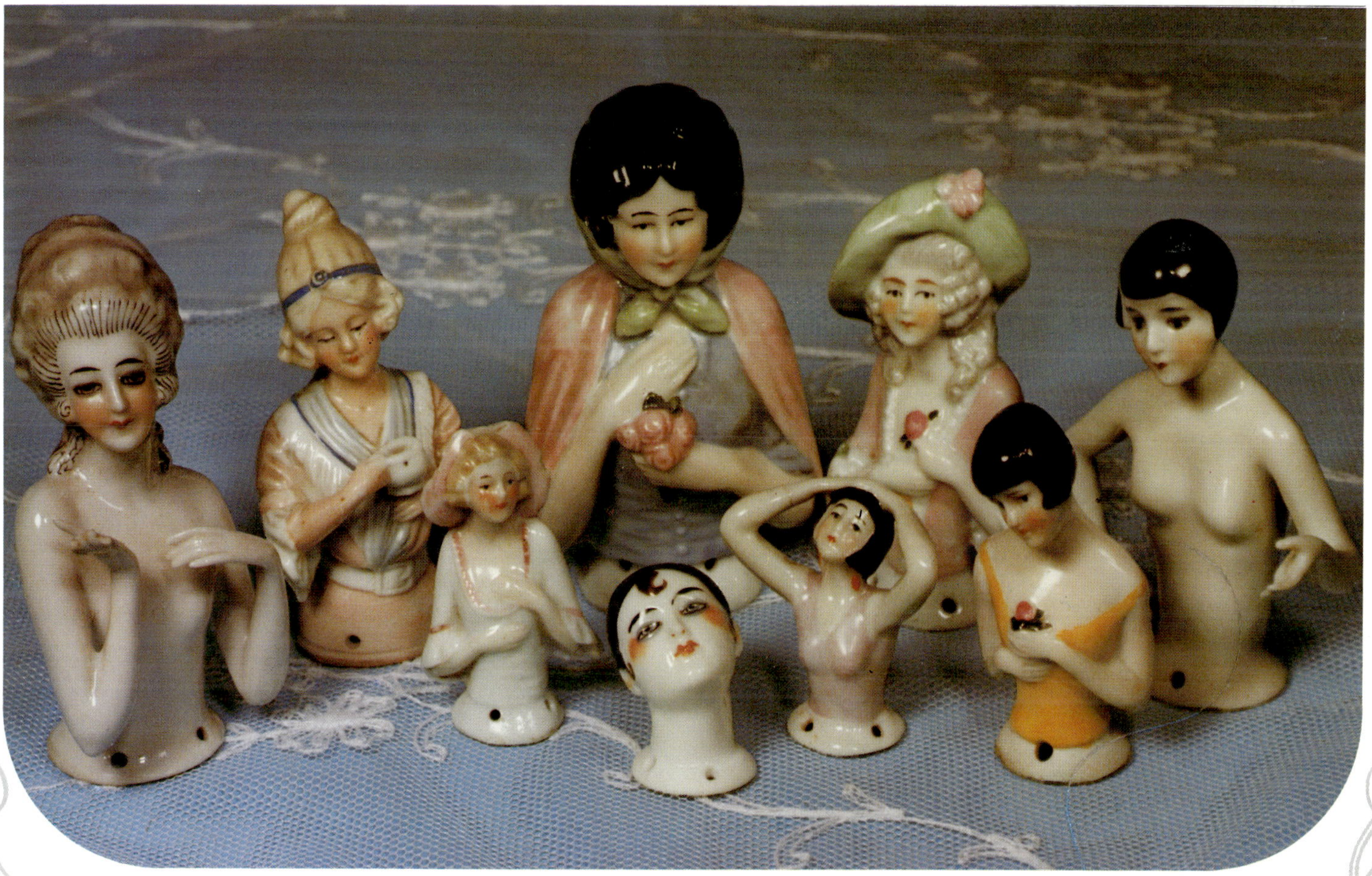

Kapitel 14

Puppenszenen auf kolorierten Stichen etc.

Puppen waren immer ein beliebtes Motiv, wenn es um Kinderdarstellungen auf
Stichen, Aquarellen, Ölbildern usw. ging, ganz gleich ob in Form von Wandbildern
oder als Buch- bzw. Zeitschriftenillustration. Diese Arbeiten sind Zeitdokumente,
die kulturgeschichtliches Zeugnis ablegen und die es sich lohnt, zu sammeln.

Kaffeekränzchen im Garten

Puppenmütterchen ·
Nach einem Gemälde von D. Piltz

Kleine Eitelkeit ·
Nach einem Gemälde von F. C. Hösch

Auszug aus Emil Schmid's Artikel «Leipziger Puppendoktorin» der Zeitschrift «Illustrirte Welt» von 1874

. . . nommen und mit voller Hingabe der Natur abgelauscht, ja mit solch einer Strenge und Genauigkeit, daß ich wohl die Behauptung wagen darf, daß so manche Kinderseele ihre Puppe wiedererkennen wird, vorausgesetzt, daß die mit dem Glorienscheine umgebene Weihnachts-Puppen-Auferstehung nicht die Erinnerung an die frühere traurige Hinfälligkeit des Puppenbalges überstrahlt und zunichte gemacht hat. Auch muß ich mich im Voraus gegen die etwa aufzustellende Aussicht verwahren, das Bild habe Übertreibungen aufzuweisen; dies ist keineswegs der Fall, denn die auf dem Bilde nicht sichtbaren Räume der Stube waren ebenfalls dicht gedrängt von Puppeninsassen besetzt. Ja, es war sogar nebenan noch ein Zimmer und – wohin man schaute, alles war puppenvoll und puppentoll. Und die kleine freundliche Frau? Das ist sie selbst die Leipziger Puppendoktorin. Ja, ja, die Puppendoktorin! Und der Titel reicht nicht einmal hin, ihre Tätigkeit erschöpfend zu bezeichnen; denn unser Pudel auf dem Tische, welchem sie wieder auf die vier Beine geholfen, legt ein beredtes Zeugnis dafür ab, daß sie auch dem geliebten Vieh eine treue Helferin ist. Die Puppendoktorin wohnte, als ich ihr meinen Besuch mit dem Skizzenbuch unter dem Arme machte, in der seitdem vom Erdboden verschwundenen Jahrhunderte alten «Schulgasse». An einer Tür stand der Name «Schneider». Auf mehrmaliges Anklopfen ertönte das übliche «Herein!». Ein Blick in die Stube sagte mir, daß ich hier recht sei. Die Puppendoktorin gewährte, nachdem ich meinem Anliegen Ausdruck gegeben, dasselbe in freundlichster Weise. Ich hatte den glücklichsten

Zeitpunkt gewählt: drei bis vier Wochen vor Weihnachten, und zwar im Jahre 1873. Das Geschäft war im vollsten Flor; es waren so viele Patienten da, daß sich mein Auge erst daran gewöhnen mußte, um sich zurecht zu finden.

Tagelang arbeiteten wir nun zusammen – sie auf ihrem Stuhle mit der größten Ruhe und Sicherheit die schwierigsten Operationen und Wunderkuren ausführend, ich, auf einem Fußbänkchen hockend, in mein Skizzenbuch Puppe an Puppe reihend. Mein Gott, was habe ich da alles gesehen! Wahrlich, die Kuren des weltberühmten, aufgeblasenen Prahlhanses Doktor Eisenbart sind nichts dagegen. Mit mindestens gleicher Liebe, gleicher Schonung und rührender Hingebung wurden da die Puppenpatienten, einer nach dem andern, ohne Ansehen der Person und des Herkommens, ohne vorausgegangene Marktschreierei und Reklame kuriert. Und die Doktorrechnung? Wahrlich, über die hatte sich niemand zu beklagen.

Da waren Patienten, die den Kopf verloren. Nun, er wurde ihnen wieder aufgesetzt, oder es wurde der alte Balg gar mit einem neuen modernen Köpfchen geschmückt. Zerschmetterte oder zerbrochene Gliedmaßen wurden wieder geheilt oder gleichfalls durch neue ersetzt. Wer seinen Haarwuchs verloren, wurde zur Friseuse geschickt; denn unsere Wunderdoktorin mußte sich in Betreff des Haarwuchses eine Assistentin, eine Haarkünstlerin, halten. Dort wurde aus dem ruppigen Balge eine Jungfrau, die, wie es ja vorkommt, je nachdem man sie drehte, verschämt die Augen auf- oder niederschlug und «in der holden Locken goldnem Glorienglanze» dann der Dinge

Zwei Mütterchen · Nach dem Ölgemälde von Hugo Oehmichen   Puppenfabrikation · Nach dem Oelgemälde von C. von Bergen

harrte, die da kommen sollten. Wem im Gedränge die roten Wangen erbleichten, wer im Kampfe des Lebens runzlig geworden, wer sich die Nase abgelaufen oder eingerannt, – der Schmelz eines neuen Teints, der Wangen Milch und Blut, der Lippen Rosenglut, der Nase edle Form, kurzum die ganze Jugendfrische, das Ohrringeleinsetzen nicht zu vergessen, wurde durch die treffliche Behandlung unserer Puppendoktorin wieder zurückgezaubert. Wer die Augen nicht mehr aufschlagen konnte – ach, und deren gibt es viele – oder gar anstatt der Augen ein paar Löcher im Kopfe hatte, dem nahm sie vorsichtig den Hirnschädel auseinander, putzte die Fenster der Seele, richtete sie wieder ein oder ersetzte sie durch neue, und siehe da, der ganze Sehapparat tat wieder seine gewohnte lachende Schuldigkeit. Wem der Atem, die Stimme ausgegangen, dem wurde ein neuer Odem eingeblasen, und freudigwimmernd quäkte und quiekte die kleine Schreipuppe wieder ihr «Papa» und «Mama». Ich will aufhören, all die Wunderkuren aufzuzählen. Hier heißt es: Geht hin und überzeugt euch selbst!

Während unserer Arbeit ging das Erzählen und Unterhalten herüber und hinüber, doch in eigentlichen Fluß konnte es mit dem besten Willen nicht kommen, denn – ich lüge nicht – alle fünf Minuten klopfte es, worauf natürlich ein «Herein!» und alsdann ein Besuch erfolgte.

Was kamen da alles für Menschen! Groß und Klein, Alt und Jung, Männlein und Weiblein, Arm und Reich, kurzum die ganze menschliche Gesellschaft schickte ihre Vertreter, und nur in

den allerseltensten Fällen entließ die gute Frau Doktorin jemanden ohne Hoffnung. Tag und Nacht hörte das Wunderkurentum nicht auf, denn die gemütliche Frau repräsentiert eine ganz bedeutende Arbeitskraft; vor zwei bis drei Uhr Morgens macht sie nicht Feierabend, und das geht, mehrere Wochen vor Weihnachten beginnend, Tag für Tag so fort bis zum Feste, wo sie endlich auf den verdienten Lorbeeren ruhen und Feiertag halten kann.

Bewundernswert ist der Scharf- und Überblick, mit welchem sie ihr Puppenlazarett beherrscht. Viele der Puppen waren zwar numeriert, doch die größte Anzahl entbehrte dieses Abzeichens. Dennoch kam kein Irrtum, keine Verwechslung vor. Wie ausgezeichnet und von Erfolg gekrönt ihre Kuren waren, lehrt der durchaus nicht vereinzelt dastehende Fall, daß geheilte Puppen von der Empfängerin kaum oder gar nicht wiedererkannt wurden; doch man kann sich getrost auf die Gewissenhaftigkeit und den Kennerblick unsrer Puppendoktorin verlassen; denn wie eine Mutter ihr Kind, so kennt unsre Puppendoktorin genau ihre Pfleglinge. Sie weiß stets, wer sie sind, woher sie stammen und wohin sie gehören.

Auch wenn die Gartenlaube den Raum dazu übrig hätte, wer könnte sie alle darstellen, die bei jedem Besuche sich immer wieder erneuernden, anregenden und erheiternden Szenen im Puppenlazarette? Und so scheiden wir vom Gegenstande unsrer Abbildung mit dem Wunsche, daß die Frau Puppendoktorin noch recht lange zur Freude unsrer Kinderwelt ihre heitere Kuranstalt bevölkert sehen möge.

Kapitel 15

Die Puppe als Requisit beim Fotografen

Egal, ob 1870 oder 1920, immer wenn es darum ging, Kinder im Atelier des Berufsfotografen abzulichten, war die Puppe das beliebteste, vertrauteste und damit beruhigendste Requisit. In Darstellungen auf Foto-Postkarten, die nach der Jahrhundertwende sehr beliebt wurden, spielt sehr oft die Puppe eine zentrale Rolle.

Beim Fotografen:
«Gleich kommt das Piepvögelchen heraus!»

Foto-Postkarten, die oft ganze Geschichten erzählen und von Puppen-
sammlern noch nicht so recht als sammelnswert entdeckt wurden.

Kapitel 16

Puppenszenen auf Postkarten und Sammel-bildchen

Kitschig-sentimentale Postkarten mit Puppenszenen wurden ebenso her-ausgebracht wie Künstler-Postkarten, wie beispielsweise solche von Pauli Ebner etc. Üblich waren auch Sammelbildchen, die von mehreren Firmen herausgegeben wurden und gelegentlich auch Puppenszenen enthalten.

„Hör meiner Puppen fleh'n!"

O Herr, ich bitte Dich, hör meiner
Puppen fleh'n,
Und lehre sie, ein fromm' Gebet zu
sagen!
Doch fügt das Extra-Müh' zu Deinen
Plagen,
Kannst ausnahmsweise meinen
Segen übergeh'n.
Mach bräver sie und höflicher und eitel,
Daß sie nicht ihre Kleider all zer-
reißen
Und schamlos dann ihr Säg'späh'n-
Inneres weisen,
Laß Anna Haare wachsen auf dem
Scheitel!
Der steifen Bella mach' die Knie' be-
weglich,
Sie tut mir furchtbar leid, ich muß
gestehen,
Nimm mir's nicht übel, Herr, und tu,
was möglich,
Erhöre gnädig meiner Puppen
Flehen!
Und daß Du richtig auch verstehst
dies Beten,
Es sind die Puppen und nicht ich,
die reden.

Flicktag

Wie schnell zerreißen doch die Kin-
derkle'der!
Verschiebt das Flick'n man, was
vorkommt leider,
Dann merkt man erst, was so ein
Pack von acht
Der lieben Mutter Sorg' und Plage
macht.
Wenn mehr noch kommen, wird noch
mehr zerrissen,
Dann werd' ich wohl in's Bett sie
stecken müssen.
Mein Bruder will ein Doktor werden,
schneiden,
Doch werd' ich's nicht an meinen
Kindern leiden.

Er hat sich drei geborgt und als er
schrie:
„Die drei sind tot!" da weinte ich
wie nie,
Hab' ich am Flicktag nicht zum Kla-
gen Gründe?
Ich wünschte, Gott — der Wunsch
ist eine Sünde —
Hätt' nur papierne Puppen mir geschickt,
Gemalte Kleider werden nicht ge-
flickt.

Postkarten aus dem Jahre 1908

Kapitel 17

Gedichte und Geschichten

Unzählige Gedichte und Geschichten ranken sich um das Thema
«Puppe», die es zu bewahren gilt. Hier einige Kostproben aus der
Zeitschrift «Kinderwelt» von 1926/1927.

Der Puppendoktor.

Der Puppenarzt.

„Wie gut, Herr Doktor, daß Sie kommen,
Ich wartete auf Sie schon lang'.
Mein Lieblingskind macht mir rechte Sorge,
Um sein Befinden ist mir bang.
Heut früh noch war es recht vergnüglich,
Recht frisch und munter noch beim Spiel,
Doch stieß es sich sein zartes Näschen,
Ein winzig Stück herunterfiel." —
„Nun, nun, Frau Nachbar, laßt mich schauen,
Was mit ihr wohl zu machen ist.
Ja, ja! Bös' sieht es aus, doch freilich,
Ich heil' es schon nach kurzer Frist.
Doch hier?! Da sahen Sie nicht Beste?
Das ist ja ein viel ärger Ding.
Den kleinen Riß im Lederbeinchen,
Den schlagen Sie nicht an gering.
Die Wunde ist doch recht bedenklich,
Wenn sie auch jetzo noch so klein.
Auf alle Fälle muß ich nähen,
Sonst wird es bald viel schlimmer sein.
Ich leg' schon auf ein gutes Pflaster
Und morgen bring ich Nähzeug mit,
Still muß das Püppchen aber liegen,
Darf sich nicht rühren einen Schritt." —
„Ach, nein, Herr Doktor, mir ist bange
Um dies mein jüngstes, zartes Kind,
Ich bitte, tun Sie doch Ihr Bestes,
Und hoffentlich heilt es geschwind."

Hedwig Müller

Die beiden Streithähnchen

Susannchen und Luischen,
Zwei Schwestern, wie ihr wißt,
Bekamen eine Puppe
Vom lieben heil'gen Christ.
Sie sollten mit ihr spielen
Recht gut und schwesterlich.
Doch ach, die bösen Mädchen,
Denkt nur, sie zankten sich.
Bald wollt' sie diese schlagen,
Wenn jene sie schon schlug,
Bald wollt' sie jene tragen,
Wenn diese sie schon trug.
Da wurde Mama böse:
„Ihr wißt mir's keinen Dank."
Nahm ärgerlich die Puppe
Und schloß sie in den Schrank.

Unverträglich.
Von Onkel Hans.

Ein neues Püppchen zierlich fein
Bringt Lottchen in die Stub' hinein.
Die alte Puppe murrt: „Ach nein,
Ich will lieber alleine sein!"
Da hört Lottchen die Neue sagen:
„Komm, wir wollen uns vertragen
Und uns einander recht lieben,
Daß wir's Mutterl nicht betrüben!"
Die alte Puppe böse spricht:
„Geh' wieder weg! Ich mag' dich nicht."
Das Mütterchen zankt: „Schäm' dich bloß,
So unartig und schon so groß.
Nun mußt du in der Ecke steh'n!
Ein böses Kind mag ich nicht seh'n!"

Lerne Ordnung!

Sie lagen jetzt alle drei, der Bub und die beiden Mädels, sauber gewaschen in ihren weißen Betten und schliefen mit roten Backen. Das sah so friedlich aus, als ob das kleine Volk kein Wässerlein trüben könnte. Und doch: Was war allein heute wieder alles verübt worden! Die vielen, vielen Spielsachen von Weihnachten her, wie waren die zugerichtet! Davon garnicht zu reden, daß die Bausteine im Kegelkasten lagen, die Kegel aber unter die Betten gerollt waren. Im Puppenwagen türmte sich ein Hüpfseil, ein Tennisschläger, zwei Bälle und ein Klavier, dem der Deckel abgerissen war. (Bubi hatte sehen wollen, wie es inwendig aussieht.) Die Puppen dagegen lagen in der Waschschüssel, Lieselottes Skalp hing gar am Fenstergriff.

Nun spazierte der Mond zum Fenster herein und schaute mit seinem lieben Gesicht auf die drei schlafenden Kinder. Als er aber die Unordnung im Zimmer gewahr wurde, verzog sich sein Gesicht zu strengen Falten. Er schien dem Teddybären, der auf dem Fußboden lag und alle viere von sich streckte, auf die Schnauze, daß er nießen mußte. Dies tat er drei Mal. Dann fing der Teddy erst an zu brummen und dann zu tanzen. Dann stieß er mit der Schnauze die skalpierte Puppe Lieselotte an und sagte: «Sieh nur, wie die Kinder so schön gepflegt in ihren Bettchen liegen! Wir aber werden von ihnen in alle Ecken geworfen, mal dahin, mal dorthin, werden verwundet und zerschunden, wie es den Rangen gerade paßt und Ordnungssinn haben sie gar nicht. Sie wissen nie, wo sie uns zuletzt hingelegt haben. Ist es nicht ein Kreuz?» Weinerlich antwortete die Puppe: «Mama!» Das war alles was sie auf die wohlgesetzte Rede des Teddy zu erwidern wußte. Sie war eben eine zurückhaltende Natur und sagte nur «Mama!» – «Auch eine Antwort», brummte Teddy und trottete weiter. Auf einmal trompetete der Elefant: «Passen Sie doch auf! Sie haben mir auf mein zweitschönstes Hühnerauge getreten!» – «Entschuldigen Sie!» sagte Teddy. «Aber warum liegen Sie auch mitten im Weg?» Da sagte der Elefant: «Weil Bubi so unordentlich ist! Er hat mich einfach hierher geworfen. Und sehen Sie nur: mein linkes Hinterbein ist ausgekugelt!» Als Teddy mitleidig hinsah, riefen plötzlich aus einer Ecke die Bleisoldaten: «Autsch! Unsere abgebrochenen Beine tun so weh!» Und die Perlen, mit denen die Älteste so hübsche Handarbeiten zu machen wußte, klirrten in ihren überall verstreut liegenden Schachteln, die Kegel fingen an zu holpern, und der Puppenwagen rollte ganz allein durchs Zimmer. Das Schaukelpferd aber wieherte und galoppierte, während das Klavier spielte: «Hopp, hopp, hopp, Pferdchen lauf Galopp!» Bei alledem flogen die Bälle durchs Zimmer, kurz, es war ein Höllenspektakel! Aber die Kinder schliefen so fest, daß sie

Von Helene und Walter Jensen.

nichts merkten. Jutta drehte sich auf die andere Seite, Suse strampelte ihre Decke weg und Norbert steckte den Daumen in den Mund, als ob er eine Schokoladenzigarre wäre. Da sagte der Mond zu den Spielsachen: «Ihr könnt lärmen, soviel ihr wollt! Davon wachen die Kinder nicht auf! Der Schlafengel hat ihnen so festen Schlaf geschenkt, damit sie groß und stark werden. Aber wir wollen sie doch für ihre Unordentlichkeit und Schlamperei bestrafen: Wir wollen sie aus ihren Betten zerren, daß sie auf dem Fußboden weiterschlafen müssen! Dann legt ihr euch in die weichen Bettchen! Ihr sollt sehen, das hilft! Vielleicht werden sie dann doch nochmal ordentliche Kinder!»

Der Rat des klugen Mondes gefiel allen sehr, und schon stellten sich die Spielsachen an Juttas Bett auf. Der Mond aber leuchtete, damit sie gut sehen konnten. Das Schaukelpferd packte mit seinen Zähnen die große Zehe, der Teddy mit seinen Tatzen den Arm, die Puppe Lieselotte packte den Schopf und sagte «Mama», die Puppe Annemarie sagte gar nichts, packte aber auch einige Strähnen. Die Kegel und die Bleisoldaten schoben kräftig von hinten nach. Der Kasperl aber kommandierte laut: «Eins, zwei, drei!» und schon plumpste Jutta auf die Bettvorlage. Genauso erging es Suse und Norbert. Und zu allem leuchtete der Mond. Dann ordneten sich die Spielsachen höchst manierlich in die Betten und schliefen nach und nach ein. Die Kinder wurden nicht das Geringste von der Veränderung gewahr, und lachend zog der Mond seiner Wege.

Als Frau Sonne am anderen Morgen ihren schönen Strahlenmantel ausbreitete, wurden die Kinder munter. Suse blinzelte zuerst und sagte: «Heute ist aber meine Matratze hart!» Dann richtete sich Norbert in die Höhe und fragte: «Wo ist denn mein Kissen?» Zuletzt setzte sich Jutta aufrecht und lehnte an den Bettpfosten. In langgezogenem Tone sang sie: «Na-nuh?» Und wie aus einem Munde riefen alle Drei: «Mutti!» Denn sie glaubten, Mutti habe sie zur Strafe umgebettet. Wie erstaunten sie aber, als sie erfuhren, daß Mutti von gar nichts wußte. Und als erst der Kasper, der den besten Platz auf Suses Kissen inne hatte, laut und vernehmlich «Hähäh!» schrie, da wußten Sie, daß die Spielsachen sich nie wieder eine schlechte Behandlung gefallen lassen würden.

Von dieser Stunde an räumten die drei Kinder vor dem Schlafengehen gewissenhaft alle Spielsachen auf, und sie sind auch nie wieder auf dem Fußboden aufgewacht, sondern jedes in seinem weißen Bettchen.

Register

Puppenindex